经济学
通识课

［英］尼尔·基什特尼（Niall Kishtainy） 著

张缘 刘婧 译

A LITTLE HISTORY
OF ECONOMICS

民主与建设出版社 博集天卷
CS-BOOKY
·北京·

© 民主与建设出版社，2023

图书在版编目（CIP）数据

经济学通识课 /（英）尼尔·基什特尼（Niall Kishtainy）著；张缘，刘婧译.
—北京：民主与建设出版社，2017.8（2023.3重印）
书名原文: A Little History of Economics
ISBN 978-7-5139-1642-4

Ⅰ.①经… Ⅱ.①尼… ②张… ③刘… Ⅲ.①经济学—基本知识 Ⅳ.①F0

中国版本图书馆CIP数据核字（2017）第163780号

著作权合同登记号：图字01-2023-0573

A Little History of Economics
© 2016 by Niall Kishtainy
Originally published by Yale University Press

经济学通识课
JINGJIXUE TONGSHI KE

著　　者　［英］尼尔·基什特尼（Niall Kishtainy）
译　　者　张　缘　刘　婧
责任编辑　程　旭
监　　制　秦　青
特邀编辑　列　夫　盛　柔
版权支持　张雪珂
营销编辑　王思懿
版式设计　李　洁
封面设计　奇　奇
出版发行　民主与建设出版社有限责任公司
电　　话　（010）59417747　59419778
社　　址　北京市海淀区西三环中路10号望海楼E座7层
邮　　编　100142
印　　刷　北京嘉业印刷厂
开　　本　680mm×955mm　1/16
印　　张　18.5
字　　数　186千字
版　　次　2017年8月第1版
印　　次　2023年3月第5次印刷
书　　号　ISBN 978-7-5139-1642-4
定　　价　68.00元

注：如有印、装质量问题，请与出版社联系。

中文版序

英国经济学家约翰·梅纳德·凯恩斯（John Maynard Keynes，1883—1946）曾说过，世界更多地被思想，而非金钱统治，不论这些思想是对还是错。正如他所说的："许多实干家自以为不受任何学理之影响，却往往沦为某个已故经济学家的奴隶。"

诚然，昔日思想家的思想在各类知识领域都发挥着作用，但经济思想却独具特别的力量：它们影响着关键的经济决策，这关系到如何管理我们赖以谋生的现实经济。对经济学历史的学习可以使我们避免无意中被不合时宜的旧思想所束缚，或者为长久以来被遗忘的思想拂去历史的尘埃。不过，经济学很少以历史学科的形象示人。我们一般通过用符号和方程式所表达的最新理论或"模型"来学习经济学，很少追问理论的发明者是谁以及其背后的动机。经济思想就好像一些浮在我们头脑里的纯粹的数学真理，当我们想要对自由市场的恰当角色或消除农村贫困的正确方法提出主张时就会适时出现。学习历史使我们明白，理论事实上是由人所构思的故事——一些有用，另外一些用处不那么大——这些人生活在特定的历史环境中，面对着各自的经济问题。

尽管本书中的内容可以上溯至古希腊时期，但我在书中所讨论的大部分经济学属于西方思想的现代阶段，即几百年前欧洲资本主义诞生之时的经济学。思想界百家争鸣，亚当·斯密（Adam Smith，1723—1790）、卡尔·马克思（Karl Marx，1818—1883）和约翰·梅纳德·凯恩斯都尝试解释资本主义制度的运行原理——其起源和潜能、带来的成功和灾难。然而，在整个20世纪，经济学成了一门数学和抽象理论学科，相比斯密和马克思，经济学家们以狭隘的眼光思考宏大的经济学问题。

最近，一些评论家批判经济学家缺乏历史眼光，认为他们目光短浅，更倾向于无关痛痒的数学游戏，并未真正投身于我们所面对的纷乱错综、混沌无序的经济世界。通过研究经济学的历史，我们欣赏几个世纪以来，不同思想者针对其所处时代的经济困境提出的各种迥异的思想：19世纪工业革命带来的财富和它的肮脏，20世纪庞大失业潮的威胁，今天日益加剧的不平等和金融危机。在历史的光照下，经济思想的光谱要比当下标准的经济课程所涉足的领域更加广泛，学习聆听昔日各种思想在今日的回音至关重要。我相信，这对于我们解决眼下芜杂的经济问题大有裨益。

中国在20世纪70年代踏上了改革开放的征途，拉近了与欧美资本主义经济的距离，其所取得的丰硕成果令全球经济重心开始东移。

现代西方经济学逐渐习惯于分析中国和其他改革国家的命运，比如东欧诸国。资本主义和社会主义的形态都是多样化的，很多社会都兼而有之，中国正是通过发展出属于自己的经济形态才获得了经济上的成功。

在某种意义上，中国和其他追求富裕的国家在多种经济道路上进行的探索和尝试，表明经济思想的工具箱应该具有多样性，只有这样才能为其他社会提供通往繁荣之门的钥匙。我们需要用历史的眼光看待经济学，而非将其视为固定不变的普遍真理。唯此，经济学才能成为具有更强适用性、更加关乎现实的学科，领受解决21世纪种种问题的任务。

Contents
目 录

冷静的头脑，善良的心地

我们为什么需要经济学

01

拿起这本书，你将会置身于一个特殊的境地。首先，你（或者把这本书给你的人）有钱购买它。如果你来自一个贫困的国家，很可能你的家庭每天只能靠几美元来度日。你大部分的钱财会用来购买食物，因此没有多余的钱可以买书。即使你拥有了一本，可能也毫无意义，因为你不识字。在西非的贫困国家布基纳法索，识字的年轻人不到一半，女孩更是只有三分之一。在那里，一个12岁的女孩，或许要花一整天的时间往自己家的窝棚里拎回一桶桶水，而不是学习代数和语文。你也许不认为自己和自己的家庭特别富裕，但对世界上许多人来说，能够花钱买一本书并且阅读它，就像是到月亮上去旅行。

对这种差距充满好奇或许还带着愤怒的人，往往会寻求经济学方面的答案。经济学是对社会以及在社会中生存的人如何使用资源（那些用于生产像是面包和鞋子这样有用产品的土地、煤矿、人力以及机器）的研究。经济学解释了为什么认为布基纳法索的人因懒惰而受穷是极其错误的，尽管他们当中有些人确实如此。虽然大部分人工作极为辛苦，但是他们出生在一个总体上生产能力不佳的经济体当中。为什么英国有儿童教育所需的建筑、书籍和教师，但布基纳法索却没有？这是一个非常难回答的问题，没有人将这个问题追究到底。经济学却想试一试。

经济学之所以吸引人，很重要的一个原因，可能也是你自己能够想到的，就是经济学关乎生与死。今天，一个出生在富裕国家的婴儿，只有极低的可能性在5岁前夭折。这些国家婴幼儿的死亡罕见并令人震惊。而在世界上最贫困的那些国家，超过10%的儿童由于缺乏食物和医疗条件，活不过5岁。这些国家的青少年能活下来实属幸运。

"经济学"（economics）这个词听起来或许有些生硬，它会令你想到一堆枯燥的数据。但其实，经济学讲的是如何帮助人们生存并保持健康、接受教育，人们如何满足需求、获得富足快乐的人生，以及为什么有些人生活得不幸福。如果我们可以解决基本的经济问题，或许就能够帮助所有人过上更好的生活。

现在，经济学家有一种特殊的看待资源的方式：建造学校的砖瓦、治疗疾病的药物以及人们愿意阅读的图书。他们口中的这些东西是"稀缺的"（scarce）。在20世纪30年代，英国经济学家莱昂内尔·罗宾斯（Lionel Robbins，1898—1984）将经济学定义为对稀缺性的研究。类似钻石和白孔雀这样的东西当然稀缺，但是对经济学家来说，笔和图书也同样稀缺，尽管你可以很容易地在家中或者本地的商店里找到它们。这里的稀缺性意味着总数有限，然而人类的潜在欲望却无穷无尽。只要条件允许，我们可以源源不断地购买新的笔和图书，但我们不可能将它们全部归为己有，因为所有的东西都需要付出成本。这意味着我们必须做出选择。

下面，让我们再深入思考"成本"这个概念。成本不仅是英镑或者美元，尽管它们很重要。设想，一个学生要选择下一年的学习科目，选项是历史和地理，但只能二者择一。这个学生选择了历史，那这个选择的成本是什么？是他所放弃的学习有关沙漠、冰川和各国首都等知识的机会。建造一家新医院的成本是什么？你可以统计所用砖瓦和钢铁的价格。但是，如果按照我们放弃了什么的思路来考虑的话，则成本可能是一座我们原本能够建造的火车站。经济学家将这称为"机会成本"（opportunity cost），这一成本往往容易被忽略。稀缺性和机会成本揭示了一条基本的经济学原理：我们需要在医院和火车站之间、大型购物中心和足球场之间做出选择。

那么，经济学研究的是我们如何利用稀缺资源满足需求，但又不仅限于此。人们所面对的那些选择是如何变化的？生活在贫困地区的人面对实际的问题：孩子们的一顿饭，或者生病的奶奶需要的抗生素。而富裕国家的人，比如美国人或者瑞典人，就很少为此发愁。这些人可能是在一块新手表和新款iPad（苹果平板电脑）之间做出选择。富裕国家面临的严峻的经济问题，有时是公司破产，有时是工人失业，或者是为给孩子购置服装而努力工作，但是这些问题很少关乎生死。因此，经济学的一个核心问题是社会如何避免稀缺性所导致的最糟糕的影响，以及为何有些人不能迅速对此采取行动。想要获得满意的回答，不仅需要控制机会成本，还要善于解答我们需要一家医院还是火车站，以及购买iPad还是手表这样的问题。你的回答需要利用所有的经济学理论，以及对不同经济体如何在客观世界里真实运转的深刻认知。在阅读本书的过程中，与历史上的经济思想家进行交流是极佳的起步。他们的观点展示了经济学家各种各样的尝试。

显然，经济学家研究的是"经济体"（the economy）。经济体是使用资源、制造新产品的地方，也是决定谁能够获得什么的地方。譬如说，一家厂商购买布匹，雇用工人生产T恤衫。像你我这样的消费者前往商店，如果兜里有钱，我们就可以购买T恤衫（我们"消费"了商品）。此外，我们还可以消费"服务"，即那些不是实物的东西，比如理发。大部分消费者也是工人，因为他们需要通过工作赚钱。公司、工人和消费者是一个经济体的关键因素，不过银行和股票市场——"金融体系"（financial system）——对于如何使用资源也发挥着影响。银行向公司贷款，对其"提供资金"（finance）。银行可以为一家服装厂提供建设新工厂的资金，厂商可以用这些资金来购买水泥，这些水泥最终成为该工厂的组成部分，而不是用来建造桥梁。为了筹集资金，公司有时候需要在股票市场上出售"份额"（或"股票"）。当你持有一股东芝的股票，就意味着你持有这家公司小小的一部分，如果东芝经营得好，股价就会上涨，你也就会更加富裕。政府也是经济体的一部分，当政府投资建设高速公路或发电厂的时候，它们会对资源的使用产生影响。

在下一章，我们会认识一些最开始思考经济问题的人：古希腊人。"经济学"这个词来源于希腊语"oeconomicus"（oikos，房屋；nomos，法律）。因此，对希腊人来说，经济学的意思是一家人如何利用手头的资源。今天，经济学还包括对公司和产业的研究，但是家庭以及家庭当中的成员依然是其根本。归根结底，家庭中的个体才是购买者和劳动力。所以，经济学是一门研究人类经济活动的学问。如果你有20英镑用来庆祝生日，那么你会如何花掉这些钱呢？是什么让员工以明确的薪资接受一份新工作？为什么有些人小心翼翼地存钱，而另外一些人却大手大脚，给自己的狗买下一座宠物乐园？

经济学家试图用科学的方法寻找答案。或许"科学"（science）这个词会令你想到冒着气泡的试管和黑板上潦草的数学公式，而与人们有没有足够的食物这样的问题相去甚远。实际上，经济学家试图解释经济，正如同科学家发射火箭。科学家寻求的是物理学的"法则"（laws）——一件事如何引发另外一件事——比如火箭的重量与火箭升空的高度之间有什么关系。经济学家寻求的是经济的法则，譬如人口数量的多少会如何影响可获取食物的总量，这被称为"实证经济学"（positive economics）。这些法则无所谓好坏，经济学家只是对它们做出描述而已。

如果你觉得经济学肯定不止这些，那么你完全正确。想一想那些难以活过婴儿期的非洲儿童，我们难道能够只描述这一场景，然后就迈步走开？当然不能！如果经济学不能够做出判断，那么它就是冰冷无情的。经济学还有另外一个分支，叫作"规范经济学"（normative economics），用来判断某种经济环境是"好"还是"坏"。当你看见一家超市在丢弃完好的商品时，你会认为这是不好的，因为这很浪费。当你想到了富人和穷人之间的种种差异时，你会认为这是不好的，因为这不公平。

一旦将准确的观察和明智的判断结合在一起，经济学便能够成为改变的力量，创造更富裕、更公平的社会，更多的人就可以在这样的社会里更好地生活。正如英国经济学家阿尔弗雷德·马歇尔（Alfred Marshall，1842—1924）曾经说的，经济学家需要"冷静的头脑，善良的心地"。完全正确！要像科学家那样描述世界，但同时对周遭人类的悲惨命运抱有同情，并努力做出一些改变。

今天，人们在学院里所学的那类经济学，是人类文明千百年以来的新生事物，是在几个世纪之前，伴随资本主义的出现而出现的。现在资本主义这种经济制度已经出现在大多数国家当中，在资本主义世界里，大多数资源——食品、土地、劳动力都通过金钱进行买卖。这种买与卖被称为"市场"（the market）。一批资本家拥有资本——用以生产产品的金钱、设备和工厂；而另一群人——工人，被雇用来操作这些工厂里的机器。如今，想象其他的方式已经变得困难，但是在资本主义出现之前事情并非如此。那时，人们自己种植食物，而不是去购买，普通人不为工厂工作，而是为那些他们所生活的土地上的地主而工作。

相比数学或者文学，经济学是新的。其大部分的内容是有关资本家的事情：购买、出售和价格。本书的大部分内容都是与此有关的经济学，但是我们也会讨论更早的经济学概念。无论如何，所有的社会，不管实行资本主义与否，都需要解决人们的温饱问题。我们会检视不断演变的关于经济的概念，并且目睹经济本身如何发生改变——人类如何在历史上通过耕种、工厂劳动以及囤积来努力解决稀缺性的问题。

经济学家经常像小心谨慎的科学家和睿智的哲学家那样描述经济并且做出判断吗？有时他们会受到诟病，说他们忽略了弱势群体，特别是女性和黑人所面临的艰辛。因为当经济向前发展时，他们被落下了。造成这种情况的原因是历史上的经济思想家往往来自社会上层吗？21世纪初，银行业的鲁莽冲动引发了一场巨大的经济危机，许多人指责经济学家没有预见到这一幕。有人怀疑，这是因为许多经济学家受到了一些人的影响，而后者得益于资本和大型银行控制下的经济环境。

因此，为了保持他们冷静的头脑和善良的心地，经济学家恐怕还需要自我批判的眼光，超越自身局限的视野，以及训练有素的观察世界的方法。学习经济学的历史有助于我们拥有这些。通过了解早期思想家的观念如何从他们独一无二的思考和生存环境中脱颖而出，我们可以更清楚地认识到应该怎样行事。这正是回顾历史上不同观点的令人着迷之处，而且这对创造一个能够让更多人幸福生活的世界来说，也是至关重要的。

02

翱翔的天鹅

苏格拉底与柏拉图

和所有人一样，人类的祖先曾面临的经济问题是匮乏，即如何找到足够多的食物。但那时还不存在成片的农场、作坊和工厂这种意义上的"经济体"。早期的原始人居住在森林中，靠采集浆果和狩猎生存。直到更为复杂的经济种类在古希腊和古罗马萌芽后，人们才开始思考经济问题。

希腊哲学家是最早的经济思想家，他们奠定了西方思想的传统，包括经济学。历经几千年的抗争后，人类最终创立了早期的文明社会，这些哲学家的思想也随之发扬光大。很久以前，人类在通过改变自然界满足自身需求的过程中播下了经济生活的种子。比如，当人类学会生火后，他们便可以从能够找寻到的物品中创造出新的事物：用泥土制造陶罐，用动植物烹煮肉类。约1万年以前，出现了第一次经济革命——一小部分人类掌握了种植植物和驯养动物的方式，农业得以发明。后来，越来越多的人类以土地为生，并开始在村庄中群居。

自此，美索不达米亚，也就是今天的伊拉克地区，诞生了包含复杂经济形态的文明。"复杂"（complex）这一词包含一个重要的意义，表明人类不必再自己生产食物。今天，你大可通过食品制造者购买食物，而不是非得亲自种植。在美索不达米亚地区，产生了从未种植过麦子或喂养山羊的一类人——统治城市的国王和掌管神庙的祭司。

人类开始变得善于稼穑、喂养动物，农民们收获的食物除了满足自身生存需要外，还可以产生富余，这些多余的食物便用来供养祭司和国王。食物从种植者到食用者之间的过程需要经过组织规划。今天这一过程是通过金钱交易的方式完成的，而在遥远的古代社会则要依赖古老的传统。农作物被当作贡品送到神庙后，由祭司共享。为了分配食物，古文明发明了文书，我们目前所掌握的最早的案例是农民运送农作物的清单。官员进行登记后，便可以拿走一部分农民的劳作成果，换句话说，即向他们"征税"，并利用这些资源修建灌溉田地的水渠和国王的陵寝。

在基督诞生前的两个多世纪，美索不达米亚地区、埃及、印度和中国的人类文明已经存在了几千年，并传播至希腊，诞生出新的文明形态。那里的人们开始深入思索人类生存的意义。希腊的早期诗人赫西奥德（Hesiodos）陈述了经济学的起源："神将人类的食物隐藏。"天上不会掉馅饼，如果想获得食物，我们必须种植小麦，收获后磨成面粉，然后将其烘烤成面包。工作是人类生存的保障。

希腊哲学家苏格拉底（Socrates，前469—前399）是所有思想家的前辈，我们只能从他学生的著作中了解到他的观点。传说某天晚上，他梦见一只高声鸣叫的天鹅展翅飞走，次日他便与柏拉图（Plato，前427—前347）邂逅，而后者则成了他最为有名的学生。苏格拉底认为柏拉图就是梦中的天鹅。此后，他的这名学生将他的思想和观点传授给了全人类，影响长达几个世纪。

柏拉图曾幻想建立一个理想的社会。这个社会的经济形态与我们今天理所当然认为的那种是有区别的，他所生活的社会和我们今日的社会相比也是大相径庭的。比如，我们现在所理解的"国家"的概念在当时是不存在的。古希腊是由许多城邦组成的，比如雅典、斯巴达和底比斯。希腊人将城邦称为"polis"，也就是英语"politics"（政治学）一词的由来。柏拉图的"理想国"是一个紧凑的城市，而非庞大的国家，它被统治者以一种高度集中的方式管理着，几乎没有食物和劳动力买卖的市场。以劳动力为例，当今的人们会对如何使用自己的劳动力做出选择，或许你决定成为一个管道工，因为你喜欢修理东西并且这一行业待遇丰厚。而在柏拉图的乌托邦里，人们生下来就被分为三六九等，包括奴隶在内的大多数人只能毕生在地里劳作。奴隶属于最底层，拥有青铜灵魂；比农民高一个等级的阶层由灵魂由白银铸就的武士组成；最高阶层由统治者构成，他们是"哲学王"（philosopher-kings），是拥有黄金灵魂的人。柏拉图在毗邻雅典的地区建立了一所学院，用来培养统治社会的智者。

柏拉图对追求财富持批判态度，以至于在理想国中，武士和国王不能拥有私人财产，以免受到黄金珠宝、宫殿楼亭的腐蚀。相反，他们不得不住在一起，分享所拥有的一切，包括孩子。在理想国里，孩子由大人共同抚养，而非自己的父母。柏拉图担忧，如果在一个社会中，财富的意义过于重要，人们便会开始追名逐利。而最终，国家将会被富人统治，穷人则会产生仇富的心理，人类终将自相残杀。

柏拉图的思想衣钵被此后进入学院的另一只翱翔的天鹅——亚里士多德（Aristotle，前384—前322）传承。他是第一个尝试将知识划分为若干不同领域的哲学家，如科学、数学、政治等。他有着强烈的好奇心，涉猎广泛，从艰深的逻辑问题到鱼鳃的结构都是他思考的对象。他的一些观点现在听起来有些怪异，比如他声称耳朵大的人更喜欢散布流言蜚语，但这对一个想要用自己的思想诠释整个世界的哲学家而言并不为奇。几个世纪以来，思想家们都将亚里士多德奉为绝对权威，他也作为"哲学家"而声名远播。

亚里士多德对柏拉图主张的社会进行了批判。与柏拉图对理想社会进行设想的方式不同，他思考的是在不完美的基础上人类能够实现什么。他认为柏拉图取消私人财产的建议是有失公正的。在亚里士多德看来，如果人们对物品拥有所有权，彼此确实会心生嫉妒并互相争夺；如果人们分享一切，则会产生更多争斗。所以更好的方式是让人们拥有自己的物品，因为那样人们便会更好地照看自己的财产，而在谁对公共财产贡献多少这个问题上导致的纷争也会减少。

如果人们用自己的种子和工具创造了财富，那不会制作鞋子的人想要获得一双新鞋时又该怎么办呢？他们会以橄榄作为交换。亚里士多德阐释了经济领域里的基本点：以物易物。货币在这里发挥了作用，他说道。如果没有货币，你就不得不背着橄榄到处去换取你所需要的鞋子，而且还得足够幸运，恰好找到需要橄榄的鞋匠。为了使交换的程序更为简便，人们指定了一种物品——通常是金或银——作为用来买卖的货币。货币成为衡量经济价值的标杆，并使价值在人与人之间传递。货币产生后，人们便不再必须找到需要橄榄的鞋匠，你可以先出售橄榄，然后在第二天用得到的钱购买一双鞋。硬币是标准块状的金属货币。在公元前6世纪的小亚细亚西部的吕底亚王国，即今天土耳其的一部分地区，出现了最早用金银合金制成的硬币。[①]在古希腊，货币获得了蓬勃的发展。甚至，奥林匹克运动会上的冠军，每人会获得500德拉克马[②]的货币作为奖励。到了公元前5世纪，铸币厂

---

① 一说世界上最古老的硬币是公元前约 670 年吕底亚国王杰吉斯下令铸造的金银合金硬币。——编者注

② Drachma，古希腊银币单位。——编者注

有近百家。源源不断的银币保证了贸易的车轮不断向前。

亚里士多德意识到，一旦人们用货币交换商品，被使用的物品（作为食物的橄榄）和作为交易的物品（被定价的橄榄）之间就产生了区别。对农户而言，种植、食用橄榄并用销售橄榄获得的钱财换取自己所需的商品，这个过程是十分自然的。当农户发现他们可以从售卖橄榄中赚钱时，他们便可能开始纯粹出于利益而种植（区别在于出售橄榄的价格和种植的成本）。这便是商业：通过买卖获取钱财。亚里士多德对此持怀疑态度，他认为农户在获得日常所需以外产生的交易是"非自然的"（unnatural）。在卖橄榄获利的同时，农户以牺牲他人利益为代价挣钱。如同在后面文章里将要讨论到的，现代经济学家很难理解这一点，买卖双方在交易过程中互相竞争，对社会是有好处的。尽管在亚里士多德时代，所有今天看起来再正常不过的、互相存在竞争关系的买方和卖方并不存在。

亚里士多德指出由"自然"（natural）经济活动带来的财富是有限的，因为一旦有足够的可能满足农户的需求，更多的需求便不会产生了。另一方面，非正常的财富积累是无限的。你可以继续卖更多的橄榄，或者拓宽所售物品的种类。有什么能阻止人们对财富无限积累的欲望吗？当然没有——除了智慧和美德上的风险。"富人的天性就是富有的傻瓜。"他说道。

比卖橄榄赚钱更糟糕的是钱生钱。如同食用（或者换取农户所需的物品）是对橄榄正常的使用方式一样，货币正常的使用目的是交易。以一定的价格（以一定的利率）将货币借与他人用钱来赚钱，或许是最不自然的经济活动，如同我们在下一章所讲的，亚里士多德对借贷的抨击影响了之后几个世纪的经济学观点。对他而言，美德与诚实的农民，而非精明的银行家相伴。

当柏拉图和亚里士多德将自己的思想流于笔端时，希腊将自己的目光投向了经济。城邦制度陷于风雨飘摇之中，雅典和斯巴达经历了旷日持久的战争。哲学家设想的经济蓝图已被束之高阁，沦为昔日的荣耀。柏拉图的解决方法是建立一个自律的国家，亚里士多德的思想是一种从贸易泛滥中拯救社会的实用指导。即使二人对金钱的迷恋予以谴责，希腊人还是渐渐建立了金钱观。据说，斯巴达的一名统治者为了抑制货币流通，将货币变成非常沉重的铁棒，只能用牛拉运。但商贸在希腊更为广泛的土地上迈向了繁荣。各城市之间跨越地中海进行橄榄油、谷物和其他很多物品的交换。继亚里士多德和柏拉图之后，贸易的领域变得更为宽广，这得益于亚里士多德最为有名的学生亚历山大大帝（Alexander the Great，前356—前323），他指挥千军万马横扫整个地中海区域，建立了新的帝国，促进了希腊文明的传播。

如同所有帝国一样，伟大的希腊和罗马文明已然倾颓，新的思想家诞生。罗马帝国于5世纪灭亡，经济学思想被基督教僧侣们传播至整个欧洲，他们在偏僻的修道院中继续研究，生生不息。

03

上帝的经济

奥古斯丁与托马斯·阿奎那

　　根据《圣经》的描述，人类是因为自身的罪孽才不得不以劳动为生的。在伊甸园里，亚当和夏娃过着无忧无虑的生活。他们饮河水解渴，食野果充饥，终日无所事事。但是有一天，他们因违背了上帝的意志而被驱逐出伊甸园，生活也由丰足而陷入困苦。"你必汗流满面才得糊口。"上帝告诉亚当。自此，人类开始通过劳动谋求生存。然而，耶稣警告人类，当他们劳作时，有可能处于犯罪的危险境地，如

果那样，他们就会被关在天堂之外。人类或许只会处心积虑地想着如何发财，或许会对他人的财富心生妒意，最终对华丽衣裳和金银珠宝的崇拜程度会超过对上帝的爱。

在漫长的中世纪的两端屹立着两位基督教思想家的伟岸身影，他们呕心沥血、旷日持久地思考基督的教义，以及它是如何论述基督徒应该以何种方式参与经济的。第一位思想巨人是希波的圣奥古斯丁（St Augustinus，354—430），这位孜孜不倦的年轻教师最终成长为圣人。中世纪末期，另一位有影响力的哲学家和神学家，是意大利僧侣圣托马斯·阿奎那（St Thomas Aquinas，约1225—1274）。在他生活的时代里，新型的商业文明正在意大利萌芽。他的著作引导着基督徒探知如何应对变革的社会。

奥古斯丁出生于摇摇欲坠的罗马帝国，他一只脚扎根于古代，另一只脚迈向崛起的中世纪。在经历了漫长的彷徨和精神上的探寻后，他皈依了基督教。希腊人曾经设想的由国王统治的城市的社会经济形式，即拥有智者的小国，奥古斯丁将这一理论转化为"上帝之城"，基督是人类的救世主，位于最高层。上帝之城由人类的法律和上帝的法则共同统治，人类为了积累财富不得不直接参加日常的劳作。财富是上帝所赐的礼物，是人类的生存所需。最理想的生活就是放弃财产，成为修道院隐士，或在僧侣社团中生活。但是在一个并不完美的世界里，人类不得不拥有个人财产，在这种情况下，重要的是明白财富仅仅是拥有良好、崇高生活的手段，而不应该贪恋财富。

　　奥古斯丁的观点对于取代罗马社会的中世纪社会起到了塑造的作用。罗马人此前已经建立了一个庞大的帝国，他们的城市展现着富丽华美和浩繁工程的奇迹。罗马拥有1000个用引水渠供水的公共浴室。在奥古斯丁去世后，罗马帝国被侵略者征服，贸易在此后的几百年逐渐衰朽。城镇向内生型发展，自给自足取代了买卖交易。城镇数量萎缩，罗马的道路、桥梁疮痍遍布。统一的罗马帝国被划分为由不同统治者控制的领域。它们之间唯一的关联就是新的基督教信仰和诸如奥古斯丁等人的教导。

　　中世纪社会的另一部分是被称为"封建主义"的经济体制。统治者需要骑士抵御外来民族的入侵。供养骑士需要高昂的费用，国王会赏赐骑士土地以奖励他们的忠诚，骑士承诺在国王需要的时候征战沙场。自此，一个完整的生产体系发展起来，这个体系的根基并非金钱，而是统治者和被统治者之间的承诺。上帝的经济在人间已经变为一种"存在之链"（chain of being）。在中世纪，这是一种强调严格的阶层等级的观点。上帝和基督位于最高一层，他们在人间的代表是主教和赐予领主土地的国王，在田里劳作的农民处于最底层。经济不是如现今那样由利益和价格控制，而是被宗教操控的，它的统治者是像奥古斯丁这样的人及其继承者，即那些智识完善的僧侣和教堂牧师。

　　托马斯·阿奎那便是其中之一。他出身于名门望族，年轻时加入多明我会，这里聚集的是一些不靠金钱或任何财物生活的僧侣。他的这种行为遭到父母的痛恨和反对，他们将他禁闭在城堡里，甚至让一个妓女引诱他，试图让他放弃成为僧侣，但他并未妥协。相反，他终日祷告并写出了几本关于逻辑学的著作。最终，他的父母做出让步并将他释放，他移居巴黎继续宗教和学业上的追求。

阿奎那将"存在之链"描绘成一个蜂巢，蜜蜂的角色是由上帝赋予的：一些负责采集蜂蜜，一些负责筑巢，另一些服侍蜂王。人类的经济与此相仿。一些人耕作土地，一些人祈祷，还有一些人为国王征战。重要的是不要贪婪，不要妒忌他人的财物。

如同奥古斯丁所认为的那样，有罪的人类为了养活自己和家人就不得不获取所需之物。他说只要金钱的用途是正大光明的，通过出售东西获利便无可非议。如果一个人拥有的东西超过了自身的需求就应该将其分给穷人。假设一个人以卖猪肉为生，阿奎那试图回答的问题是：猪肉的价格为多少才是公正合理的？向顾客收取多少钱才是公平而合乎道德的？阿奎那认为，肉贩得到的最高价格并不一定是公正的，他或许在猪肉的真实品质上撒了谎。在中世纪时期，欺诈一直是个令人担忧的问题。一个英国人曾抱怨道，伦敦的屠夫会把血涂到已腐烂的羊的眼睛上，让羊肉看起来更新鲜。阿奎那认为在这种情况下达成的交易是不公正的，只有在没有任何欺诈或者垄断性的强买强卖的社群中正常收取的费用才是公正的。

如同此前的思想家们，阿奎那也认为最恶劣的经济罪行便是"高利贷"（usury）：按价格（利率）放贷。高利贷被中世纪的教会所抨击。在圣地中埋葬放高利贷者的牧师将会被驱逐出教堂，放高利贷者将和盗贼及杀人犯一同下地狱。一个牧师讲述了一个请求与他的财宝合葬在一起的放高利贷者的故事。在他死后，他的妻子挖开坟墓想拿回钱财。她看到魔鬼将金币变成了燃烧的煤炭，塞进她丈夫的喉咙里。

中世纪的神职人员认为，为了获得利息而把钱借出去是一种偷盗行为，因为钱"无法生育"（barren）：它无法生育，也无法繁殖。把钱堆在一起也不能让它们像羊群那样增长。如果你从欠你22枚硬币的人手中拿回了25枚硬币，那么你就多拿了3枚。这3枚硬币毫无疑问应该属于那个人。和古希腊的思想家一样，阿奎那认为正确使用金钱的方式是买卖，通过收取利息的把戏使钱增值，让自己拥有更多的财富是错误的。当钱被用来买卖物品时，买卖的行为"耗尽"（uses up）了钱。这就好比你使用面包的方式是吃掉它——你耗尽了面包。（这和房子不同，因为你住在房子里，但房子并没有被耗尽。）让人为购买面包付钱，再为使用面包付钱是错误的，这会让人付两次钱。同样的道理，别人向你借钱，让他们还钱并支付给你利息是错的。更糟糕的是，高利贷是一种不会停止的罪行。至少杀人犯在睡着的时候是不会杀人的。放贷人的罪行哪怕在他们睡觉时仍在不断进行着，因为别人欠他们的债务在不断增加。

阿奎那写作于欧洲重新开展交易和商贸的年代。他出生前的几个世纪，人口开始增长，城镇复苏。重型犁和新式马具使农产品的产量增加，水车驱动使磨坊能更快地将麦子研磨成面粉。群体之间打破了彼此的隔绝状态，开始互相交易，金钱再一次促进了商品的买卖。

在威尼斯和佛罗伦萨这样的大城市，中世纪的"存在之链"被从事新型职业的人延伸和拓展：买卖商品获利的商人和从事金钱交易的银行家。而在不久之前，社会还只是由神职人员、农民和骑士构成的。城镇居民使奄奄一息的商业死灰复燃。商船将玻璃和羊毛运往亚洲，购买回丝绸、香料和宝石。威尼斯创立了古代以来第一个商业帝国。

随着贸易的兴旺，金融也日益繁荣。在威尼斯和热那亚，商人们将钱币保管在兑换商的保险库里，通过兑换商在账户之间转换货币的行为偿还债务、获取贷款。在这种情况下，货币兑换商变成了最早的银行家，也就是罪恶的贷款人。在跨海运输贵重货物的过程中，为了解决随之可能产生的风险，商人发明了保险：通过支付给对方一定数额的钱财作为回报，他们承诺补偿因为意外给你带来的财产损失，比如你的船在暴风雨中沉没。

熙熙攘攘的城镇使封建主义日渐衰落，农民离开土地前往城市寻找工作机会。在这种喧闹声中，传统的教义被淹没。米兰的守护圣徒安布罗斯（Ambrosius，约339—397）曾对放贷者做出死刑的指令，却无法打消镇子里的人通过放贷致富的念头。经济生活越来越受金钱和利益的支配，传统的作用愈发减弱。甚至连僧侣们也开始意识到借贷在经济中的重要意义，只有获得报偿，借出者才会愿意出借。阿奎那认为贷款中的利息是可接受的，贷款人为了弥补让与的利益而向借款人收取利息的做法无可厚非。神职人员逐渐认识到高利贷——让借款人倾家荡产的高利率——与银行用于运营所需的合理利息之间是存在区别的。

　　在11世纪初，罗马教皇声称商人将永远不能升入天堂。在随后的一个世纪的末期，教皇将一位名为欧莫伯努斯（Homobonus）的商人封为圣人，只有穷困才能接近上帝的思想烟消云散。耶稣曾告诉信徒，一个人不能同时听从上帝的旨意和金钱的摆布，而到了阿奎那的时代，商人认为自己可以做到一仆二主。1253年，一个意大利公司的手写账簿上写着"以上帝和利益的名义"，上帝的经济正逐渐与新的贸易世界相融。

04

寻找黄金

重商主义

1581年的春天，英国商人和探险家弗朗西斯·德雷克（Francis Drake，约1543—1596）在他的"金鹿"号（Golden Hind）船上举办了一场宴会。"金鹿"号刚刚载着德雷克和他的船队环游了世界，历经3年的惊涛骇浪依然如新。这艘停泊于泰晤士河上的船经过洗刷，已经焕然一新，桅杆上彩旗飘扬，为的是迎接一位贵宾的到来，她就是德雷克的赞助人——伊丽莎白一世（Elizabeth Ⅰ，1533—

1603）女王。女王踏上甲板，命令德雷克行跪礼。一名侍卫用镀金的
剑触碰德雷克的双肩，上一秒还是平民——出生在穷苦人家，由海盗
抚养长大——的德雷克受封为弗朗西斯公爵，而这种地位的擢升也成
为大英帝国取得海上军事霸权的象征。

而后，伊丽莎白女王派遣德雷克远征，对敌人西班牙国王腓力进
行报复。德雷克出色地完成了任务，对西班牙战舰在全球范围内予以
致命的打击。他凯旋时带回的一大批战利品，包括金银珠宝，由皇家
保管在伦敦塔中。

那个时代，欧洲贵族正在中世纪由不同王公贵族分割统治的土地
上建立现代国家，彼此为了争夺霸权连年征战。西班牙是欧洲的头号
强国，荷兰和英国紧随其后。同样，如德雷克这样的商人也获得了前
所未有的权力和影响力。商人帮助君主聚敛更多的财富，反过来，君
主会资助商人的航行。伊丽莎白一世在甲板上封德雷克为爵士的一幕
便象征着统治者和商人之间联盟的缔结。

这种联盟后来被称作"重商主义"（mercantilism，来源于拉丁
语"商人"一词）。随着思想家抛弃中世纪宗教，转向理性和科学，
重商主义开始萌芽。在早期，探讨经济问题的作家都是神职人员，他
们往往远离商业的喧嚣，如今，新的一批经济思想家诞生，他们对宗
教的兴趣已经衰减。新的经济思想家都是务实的商人和王室官员，探
讨的主题通常是国王和王后如何能够更好地管理国家的财富。其中
一位商人叫杰勒德·德·马利纳（Gerard de Malynes，约1586—

1641），德雷克曾向他兜售在与西班牙作战时掠夺的珍珠。最为著名的是英国人托马斯·孟（Thomas Mun，1571—1641），他在年轻时便将贸易拓展至整个地中海地区。一次，他在科孚岛被西班牙人逮捕，同伴们都担心他会被处以火刑。幸运的是，他被解救出来，并最终成了一个富有的、有影响力的人物。

重商主义者并不具备一套发展完备的经济学理论，他们信奉的观点比较芜杂。现代经济学家经常嘲讽他们缺乏最基本的经济常识。例如，如何定义一个国家是富有的？重商主义最基本的观点认为财富即金银，所以，一个国家如果拥有足够多的金银，就是一个富有的国家。这种观点被批判，在于重商主义者犯了"弥达斯谬误"（Midas fallacy）。在希腊神话里，酒神狄俄尼索斯说可以满足国王弥达斯一个愿望。弥达斯希望他所触摸之物都会变成金子，而当他用餐时，食物也变成了金子，饥饿的危险随即到来。这个故事告诉人们，把财富的定义局限于金子而非面包和肉的想法是愚蠢的。你可能会饿死，或者结局像约翰·托尔金（John Tolkien，1892—1973）的《霍比特人》中的巨龙史矛革（Smaug）一样，终日痴迷于黄金并对那些寻找宝藏的人喷吐火焰。

即便如此，几个世纪以来，探险家依然不断地寻求着黄金，贵族试图积累起自己的财富。早在德雷克之前一个世纪，欧洲最早的一批探险家是葡萄牙人和西班牙人。埃尔南·科尔特斯（Hernán Cortés，1485—1547）对金子的诱惑力有着深刻的洞察，他的名言是"只有金子才能治愈西班牙的心病"。15世纪末，欧洲人纷纷打开国门淘金，在这个过程中，他们横渡大西洋，发现了美洲新大陆。在那里，一个盛产金银财宝的古老文明展现在他们眼前。探险家们攻城略地，屠杀原住民，将掠夺的财富带回西班牙。他们统治了这片新大陆，并使黄金流动起来。西班牙积累起如山的财富，确立了欧洲霸主地位。对英国人而言，西班牙已经成为史矛革：一个凶猛的财富饕餮，但外强中干。德雷克这样的人通过击打西班牙的要害而发迹，而这种攻击最终演变为全面的战争。

现代经济学家们批判重商主义者对黄金的痴迷胜过生存所需的商品。今天，我们依据食物、衣服和其余商业活动中生产的商品数量来衡量一个国家的富裕程度。我们不再用黄金购买物品，而是用纸币——本身毫无价值的英镑或美元纸币。硬币同样是由比其本身价值低得多的廉价金属制成。纸币和硬币具有价值，这基于人们的共同认识。然而，在重商主义时代，黄金是购买的唯一媒介，随着商业的发展，人们所需要的更多有用的物品，不论食物、土地还是劳动力，都得依靠黄金进行买卖。如今，政府可以通过印钞的方式造钱；在古代，王室只能付给军队和城堡真正的黄金才能保卫他们的疆土。因此，重商主义者并没有像我们所认为的那样在对黄金的热爱中迷失方向。经济学观点需要处理的是社会所处的环境，而很久以前的环境和今天的是无法相提并论的，当我们检视历史时，这一点是很容易被忽略的。

马利纳所著《论英国公共福利衰败的祸根》延续了重商主义的主线，即国家需要健康的黄金储备。马利纳认为，英国的经济疾病（"腐败"）在于购买外国商品过多而出口商品过少。英国人用黄金从法国人那里购买葡萄酒，并通过卖给法国人羊毛获得黄金。如果英国人购买的外国产品多于卖给外国人的产品的话，黄金储备就会减少。马利纳的解决方式是限制黄金外流以保存国家的储备，这就是那个时代的公共政策。一些政府，如西班牙政府，会将携带金银出境的人判处死刑。

但在托马斯·孟最为著名的《英国得自对外贸易的财富》一书中，他指出英国获得黄金最好的方法并非限制外流，也不能像德雷克那样劫掠别国的船只，而是尽可能多地出口本国产品。当一个国家善于制造时，就会实现这一点。这种政策的目标在于获得有利的"贸易平衡"（balance of trade），即出口大于进口。自16世纪开始，西班牙、葡萄牙、英国、荷兰和法国纷纷凭借更为坚固、速度更快的舰船争夺海外市场的交易份额，以求达到贸易平衡。他们的船队沿着新航线穿梭不息，横跨大西洋运输糖、衣服和黄金，将数以百万的非洲人作为奴隶贩卖给美洲的种植园主。

在重商主义者的支持下，政府进一步鼓励出口，抑制进口。进口商品会被征税，价格变高，使得居民更多地购买本国产品。当时的"禁奢令"全面禁止昂贵（奢侈）产品。在英国，炫耀者会因为身着绫罗绸缎而被囚禁，很多进口商品被列为非法奢侈品。

随着航海家和军队不断开疆扩土，统治者赋予商人直接和当地进行买卖的权力。海上航行通常是有风险的，因此没有人会愿意独自出资进行赞助。统治者允许商人成立一种特别的公司，每个赞助人根据自己投资的数目获得相应的回报份额。这些公司纷纷进入殖民地，使自己和统治者名利双收。成立于1600年的英国东印度公司就是其中之一，托马斯·孟曾供职于此。这个公司最后发展成一个实力超群的机构，帮助英国在印度建立起自己的殖民帝国。

为了帮助商人出口更多的产品，使其免受进口商品的竞争，政府帮助商人致富。重商主义者主张对商人有利的即是对国家有利的。从这里我们可以窥见一些经济学观点是如何抬高社会某一团体的地位的。通过限制进口，重商主义使商人的地位超过了工人。当进口产品被征税，获利的是国家的经济，但普通民众则只能花更多的钱购买食品和衣服。这也是之后的思想家们批判重商主义者的缘由。在随后的几章中，我们将会遇到被称作"现代经济学之父"的亚当·斯密，他认为经济学家的任务是揭示经济运转的客观规律，重商主义者未能成功做到这一点是因为他们过分热衷于鼓吹自己的利益。而实质上，有利于商人的未必有利于国家。

重商主义者把进口视为坏事，而今天的经济学家认为这很荒谬。那个时代的观点认为，如果英国将钉子卖给荷兰，英国所获得的利益（卖钉子的收入）便是荷兰人所损失的利益。但是，如果荷兰人所需要的正是英国的钉子，或者俄国的鱼子酱和法国的奶酪，进口就并非什么坏事。进口对经济增长通常起着至关重要的作用，例如坚固的外国钉子用于制造从农村往城镇运输食物的马车。因此，如果英国将钉子卖给荷兰，两国会实现双赢：一方面，英国赚到了钱；另一方面，荷兰得到了物美价廉的钉子。

18世纪末，斯密对重商主义进行了抨击。与此同时，随着英国在美洲的殖民地瓦解，重商主义又一次受到了冲击。英国对殖民地的统治曾经保证了商人在那里售卖本国商品的利益，但这种保护政策随着殖民地反抗英国统治以及宣布独立而告终。

托马斯·孟所代表的思想家跨越了两个时代。一个是经济生活局限于本土，更多由宗教和人际纽带联系而非由金钱塑造的中世纪；另一个是由金钱支配，经济生活实现跨区域和全球发展的工业时代的开端。重商主义者是连接这两个时代的纽带。他们是第一批认为资源和金钱比道德更应该被重视的人，为后来的很多经济思想树立了标杆。他们并不因为追求财富是否被教义允许而惴惴不安，对他们而言，金钱是新的上帝。随着商人权力的增加，另一些人开始追忆逝去的旧生活方式，怀念那个崇尚骑士精神——骑士和国王的荣誉和骁勇，而非交易和赚钱的年代。"骑士制度的时代一去不复返了，"爱尔兰政治家和作家埃德蒙·伯克（Edmund Burke，1729—1797）在1790年说道："随之而来的是……经济学家和精于算计之人的时代，欧洲的荣耀荡然无存。"

05

自然的馈赠

重农主义

1760年的一个下午，弗朗索瓦·魁奈（François Quesnay，1694—1774）来到凡尔赛宫，神情绝望。他的朋友和学术搭档马奎斯·德·米拉波（Marquis de Mirabeau，1749—1791）侯爵刚刚出版的一本书引起了轩然大波。这本《赋税论》单从书名上看平平无奇，但米拉波却因言获罪。魁奈是路易十五最宠爱的情妇蓬帕杜尔夫人（Madame de Pompadour）的医生。几年前，60岁的魁奈（在米拉波侯爵的帮助下）成为"米拉波家的星期二集会"中颇有影响力的人物。该集会可谓世界上第一个经济学家的"学校"。魁奈成为皇家宫廷里叱咤风云的人物，他对法兰西经济的评论极具影响力，令人尊敬。然而米拉波却轻率鲁莽：他在书中大事宣扬魁奈的主张，鼓吹取缔对法国农民征税，被征税者应该是贵族。国王一怒之下，将米拉波关押入狱。蓬帕杜尔夫人试图宽慰医生，告诉他她会劝说国王，一切都会得以解决。而魁奈沮丧地告诉她，只要看见国王，他所能想到的只是"他是可以砍我头的人"。

如同米拉波发现的，税收是一个棘手的问题。统治者不得不向国民征税。除此之外，还有其他方法能满足宫廷的花销和雇用士兵保卫领土吗？那个时期的法兰西在连绵的战争中耗费了大量的钱财，而且贵族需要更多的钱用于享乐，比如奢华的城堡、宴会和珠宝。首先是向谁征税，其次是赋税的额度。统治者需要倚仗有权势的贵族，因此向他们征税并非易事。但如果农民的税负变得日益沉重，他们就有可能罢工——甚至更糟糕，引发反叛和暴动。一个世纪以前，国王的财政大臣让-巴蒂斯特·柯尔培尔（Jean-Baptiste Colbert，1619—1683）曾考虑过一种平衡策略，他说："税收艺术好比拔鹅毛，要在尽可能少的嘶鸣声中获得尽可能多的鹅毛。"魁奈认为法国这只鹅——法国的社会和经济——实际上已经在沉重的压榨下被拔光了所有的毛。几十年后，它会呼号哀鸣着奋起革命，尽管现在这只奄奄一息的鹅无力发出反抗的声音。与英国相比，法国的农业水平停滞不前，生产力低下。农民的生活举步维艰，在漫长又艰辛的时日里，日复一日忍受着穷困和饥馑。魁奈对王室和贵族为了满足自身利益向农民征收苛捐杂税的行为进行谴责。在当时形成鲜明对比的是，贵族和教士不用缴纳任何赋税。

魁奈认为农业是有特殊性的。人们利用自然改造出的田野、河流和猎场是一个国家财富最终的资源。因此，包括魁奈在内的那批，也是第一批自称经济学家的思想家的观点被称为"重农主义"（physiocracy），意为"自然秩序"（rule by nature）。重农主义者认为，财富指的是土地养育出的小麦和猪。农民通过种植粮食或售卖粮食为生。此外，他们还能生产出多余的粮食。魁奈相信盈余是经济的生命力，他称其为"纯产品"（net product），即农业生产（总产量）中满足农民自身需求外多余的部分。他认为纯产品只能由人类在大自然中创造出来，比如渔民在河中捕捞、牧民在草地上放牧羊群。

重农主义者认为纯产品依据自然法则从经济中孕育出来，这种自然法则是神赐予的、始终不变的。统治者试图改变这种法则非明智之举，但这正是法国君主政体在当下的所作所为。它已经将农民榨干，阻碍了农业的发展。更糟糕的是，在农民遭到剥削的同时，城镇里的手工艺人和商人却被优待。法国制定了一套繁复的法律，保护制造商免于国内外的竞争，这些法律大部分依据的是上一章中所讲到的重商主义者的主张。

商人和手工艺人通过行会来捍卫自己的特权。行会的历史可以追溯到中世纪，这是一种十分具有影响力的组织。从一个事例中我们可以看出，早在几百年前，巴黎的行会在保护成员地位方面能做到何种程度。1696年6月，巴黎的扣子制造商引发了一场骚动。他们闯入各个裁缝店寻找非法使用的扣子，因其威胁了这些制造商在丝绸质地的扣子交易上的控制权。事件的起因是当时一些富有革新性的裁缝开始使用羊毛质地的扣子。扣子制造商协会对此非常不满，当局签发了一项针对羊毛扣子的禁令。而巴黎的店主对这项禁令置若罔闻，于是，协会的管理员开始搜捕拒不服从的裁缝，甚至要逮捕街上身着衣物上缝有羊毛扣子的人。在今天看来，一个制造商协会在决定人们的购买选择上拥有如此大的权力，实在是一件令人匪夷所思的事情。扣子制造商享受的特权使其获得了经济利益。重农主义者认为，这些制造商之所以获利纯粹是因为他们被赋予了特权，并非由于他们创造了任何真正的盈余。

魁奈认为，事实上，制造业无法创造盈余。扣子制造商从销售扣子中赚钱只是因为他们在生产过程中付出了劳动力和丝绸。他们所做的，无非是将自然中已经创造出的东西进行转变。因此，魁奈将制造业本身称为一种"惰性"活动。更糟糕的是，法国政府为了促进工业发展，将资源从多产的农场转移到许多缺乏活力的工业中。他对银行家和商人更是持批评态度，在他眼中，这些人只不过是经济寄生虫，他们到处蚕食他人创造的价值而自己却不做出任何贡献。

作为医生，魁奈把经济视为一个巨大的有机体，宝贵的经济剩余如同对生命至关重要的供血功能。为了解释这个观点，他制作了第一个经济"模型"（model），一个简化的经济图。魁奈在自己独创性的著作《经济表》中创造了它。他勾勒了许多曲线用以代表围绕经济流通的资源。农民生产经济剩余，并以租金的形式支付给拥有土地的贵族，贵族再从手工匠人那里购买丝绸扣子和银质烛台。手工匠人反过来向农民购买食物，至此完成一个循环。经济是在农民、地主和手工匠人之间形成的一种剩余的循环流动。当剩余增加，他们之间会产生更多的资源流动，经济随之增长；当剩余减少，经济萎缩，如同重农主义者眼中法国的现状。

魁奈的曲线令人们感到震撼和困惑。当米拉波弄懂了这些曲线的含义后，他宣称魁奈是最有智慧的人，他的头脑可以和苏格拉底比肩。魁奈的图表确实富有影响力：包括亚当·斯密在内的后来的经济学家也对其赞不绝口。时至今日，资源在工人、公司和消费者之间流动的观点依旧是我们理解经济的基础。

这位医生对法国的病灶开出了自己的药方，主旨在于增加经济中的剩余。米拉波为了阐明这种解决方式不惜身陷囹圄。魁奈的曲线揭示了向农民征税的弊端：不断增加的赋税阻碍了农民来年的播种量，令他们没有财力改进工具。如果只对拥有土地的贵族征税，农民将会获得更多的耕地资源，这将有助于整个经济剩余的增加。最终，因为经济体量的整体增加，即使贵族也会从中获益。然而，米拉波不幸入狱，这一观点也被抛至脑后。

在苛捐杂税的负重下，谷物出口也遭到禁止，农民必须遵守规定将其卖给本国人。这种限制最终导致谷贱伤农，经济剩余进一步减少。魁奈敦促国家将农业从令人窒息的控制中解放出来，并废除商人享有的特权。他质疑"自由放任"（laissez-faire，字面意思是"允许去做"）的政策，我们今天依然用这个法语词来描述政府不作为的经济政策。重农主义者对此后的政策产生了某些影响，比如18世纪60年代，法国政府为农民出售谷物提供了更多便利。之后，魁奈学派日渐式微，他本人也不再研究经济中的实际问题，转而从几何学中获得抽象的愉悦。

魁奈试图找到描述经济行为的规律并使用模型方法对其进行描述，在这一点上，他可以说是十分现代的，这种经济学方法沿用至今。在魁奈以前，经济的观测维度囿于宗教和传统，当宗教被（重商主义者等）抛弃后，这个问题陷入矛盾重重的迷雾中——几乎没有一套清晰的原则。暂且不论对经济有益性的主张，他对今天许多经济学家所信奉的观点做出了预言：政府最好不要干预经济，比如征收重税。他将经济价值的来源归于实物——小麦、猪和鱼——而不是仅仅是金钱的做法是具有革命意义的。但是，将经济价值局限于农业的观点导致了重农主义者的停滞不前。在他们抛出自己的论述后，欧洲很快经历了一场具有变革意义的经济革命，制造商可以创造价值，他们一方面生产出更多便宜的产品，一方面不断发明创新。自然的馈赠超越了河流和田地，在工厂中也结出累累硕果。

最终，魁奈既是法国经济体系的批评者，也是其捍卫者。他慷慨陈词，主张向法国贵族征税：不用缴纳赋税是他们珍视的特权和社会地位的象征。他在批判法国国王对经济的抑制上同样具有胆魄。（魁奈对于惹怒国王的担忧是多虑的。米拉波因为著作蒙羞后，蓬帕杜尔夫人帮他重获自由。魁奈也成为高寿之人，比国王还多活了几个月。）虽然魁奈敢于冒犯权贵，但他也一直忠于他们。他终日出现在宫廷的回廊中，陪伴在国王和蓬帕杜尔夫人左右。他是欧洲以国王和王后为代表的"旧制度"（old regime）中的一个重量级人物，并且对贵族和农民这种社会阶层的划分形式持肯定态度。因此，即便他敦促国王转变经济方式，他仍然希望贵族的全权统治不被动摇。即使像他一样有胆识的经济学家通常也得遵循权贵的利益考虑问题。

在魁奈逝世后，法国贵族在1789年大革命的腥风血雨中被彻底推翻，划分为国王、公爵和农民的旧制度土崩瓦解。经济学家对魁奈对于贵族绝对权威的信奉嗤之以鼻，但不论怎样，他为之后的经济学家开辟了通往现代经济形式的新道路。

06

看不见的手

亚当·斯密与《国富论》

　　苏格兰哲学家亚当·斯密经常因为陷入沉思而忘记自己身在何处。斯密的朋友发现他经常自言自语，嘴唇嚅动，不停点头，好似在检验某个新的观点。一日清晨，斯密醒来后，在自己位于苏格兰柯科迪小镇住所的花园里散步，一副专心致志的模样。结果，身上只穿着睡衣的斯密一直走到了离家12英里①外的镇子上。直到教堂响起礼拜

---

① 英制长度单位，1 英里等于 1.609 千米。——编者注

日祷告的钟声，他的思绪才被带回现实中。

斯密如此苦思冥想是有原因的。他刚远离喧嚣的城市，在那里他作为哲学家而声名鹊起，现在正着手创作在经济学历史上可谓最有影响力的著作。凭借此书，他被后人称为"现代经济学之父"。舒心惬意的散步和彻夜不眠的夜晚点燃了斯密的思想，这部极具分量的著作于1776年面世，名为《国富论》。

在这本书中，斯密提出了一个基本的经济问题，即个人利益能否和一个良好的社会协调发展。为了理解这一点，让我们将社会的运作比作一支足球队。很明显，一支好的足球队需要有好的球员。他们并不仅能够传球和射门，还得懂得如何配合协作。假设你是后卫，就需要活动在后场的位置并阻止对方射门；如果你是前锋，就需要向前进攻并争取进球。在一支糟糕的球队里，球员们只在乎自己的荣誉：他们只想靠自己完成射门，只会追着球跑，而不是互相配合，彼此协助进球。最终的结果就是球场上一片混乱，进球寥寥无几。

社会是由数百万在一起工作和交易的人组成的。如何让这种团队实现良好的运转呢？如果可以把经济学比作足球的话，那么社会需要的是人们为了整个社会的利益而工作，它不需要只关心自己的利益的人——如同只在乎个人荣耀的球员一般。比如，面包师要保证他的邻居们在晚餐时有足够的面包食用，而非只顾着赚钱；屠夫雇用新的帮手并非出于工作需要，而是因为朋友们需要工作。如此，人与人之间将充满友善，社会也会实现和谐。

　　而斯密的观点颠覆了上述内容。他认为，当人们出于自身利益采取行动时，社会才会实现良性运转。人们的友善不是必需的，只要满足自身利益，便会存更多人受益。"我们获得晚餐不是因为屠夫、酿酒师或面包师的好意，而是出于他们对自己利益的考虑。"斯密说。你从面包师那里得到面包不是因为对方的友善，因为并不是所有人都具备这种品质，这不重要。重要的是，面包师从卖面包的行为中可以实现自己的利益。反之，正是因为你通过购买面包满足了自身的利益，面包师才得以生存。你和面包师之间其实互不关心，甚至互不相识。人们之间的互惠并不是因为他们渴望如仁慈的撒马利亚人那样为陌生人提供帮助，而是因为他们所做的是对自己有利的事情。而最终，这种利己行为会促进社会和谐，而非导致混乱。

　　足球队和经济之间还有一点重要的不同。足球队需要教练来管理球员。想想看，教练拉着球员们的手，引导他们到球场的不同区域，后卫在后方，前锋在前场。教练的引领可以保证球队表现良好。但在经济中，没有这样一个角色，没有人会告诉面包师需要烤制多少面包，没有人会告诉酿酒师应该酿造什么类型的酒。他们会基于自己对销量的预测去做决定，社会照此实现良性运转。这里面看起来似乎有一个承担组织作用的手，但当你试图寻找时它却无影无踪。为了描述这种情形，斯密创造了经济学中最为著名的语录：社会似乎被一只"看不见的手"（invisible hand）引导着。

　　你或许会想：政府的角色是什么？它不是引领着经济吗？诚然，

政府在某种程度上发挥着这种作用。不论你来自哪里，都可能有一个处理着各种事务的政府。这一章的后半部分将会讨论政府的具体作用。（如同我们所看到的，在一些社会里，比如"共产主义"社会，政府会掌管一切并不断告诉每个人应该做什么。）即便如此，你所在国家的经济很可能和斯密所说的有很多共同点。下一次当你逛商店时，可以观察下成箱的西红柿、牛奶和成堆的报纸。它们为何被运到那里？因为店主决定采购它们并卖给有需要的人。没有人——既非政府，也非其他人——告诉店主应该怎么做。

斯密所提出的"看不见的手"的观点很容易被理解为"贪婪是有益的"，这是一种误解。斯密观察到，在商业社会里存在很多纯良的人类品质。面包师和屠夫对其他人通常很友善，当朋友生病或丢失钱财时，他们会感到悲伤。人们也因此形成了是非观。如果人们总是自私自利，比如面包师缺斤短两、酿酒师往啤酒里兑水，商业便会变得不健康。谎言和欺骗如果成为常态的话，终将导致混乱。只有当人们诚实守信，个人基于自身利益的行为才会有益于社会。

当正派的人可以自由交换商品——自由买卖，斯密的"看不见的手"便开始发挥作用。交换物品的需求使人类有别于动物。狗从不交换骨头，但人类却一直进行着交换，我给你面包是为了换你的啤酒（更多的情况是我卖面包，然后用所得的钱买啤酒）。所有这些交换导致了一个结果，便是分工的产生：一种劳动分工出现了。在一个小村庄里，或许一开始每个人都是自己烤面包、酿啤酒。慢慢地，一些人变得非常善于烤面包，他们烤制面包的数量超过了自己所需，便将多余的面包卖掉换回啤酒。最终他们不再自己酿制啤酒，只做面包，并从擅长酿啤酒的人那里买酒喝，人与人之间实现了互惠。

当斯密提出这种观点的时候，劳动分工发展出了新的形式。在英国，商人建立起用大型水轮机发电的工厂，其中的一些有几层楼高，工人有几百人，每个房间都配有工具和工人，进行特定的生产流程。斯密对于熟练工人如何促进经济效率进行了分析。以制作扣针为例，他讲道，首先你要抻出一条铁线，将它修锉出一个尖；然后做出一个圆头将它固定在扣针上；最后将扣针包装起来。斯密发现，制作扣针需要18道工序。如果只靠一个人，一天最多制作一到两枚扣针。而如果一群人一起制作，每人负责一道工序并十分熟练，特别是可以操作各种必要的机械设备，便可以在一天内生产出许多扣针。当专业化分工体系扩展至整个经济领域时，许多商品的成本都可以降低。

随着市场深化，分工也随之精细化。在一个只有10个人、与外界毫无关联的集体里，市场是狭小的，让一些人每天磨针，另一些人每天制作扣针圆头的分工是没有必要的。同样，也不需要专职的面包师、酿酒师和屠夫。随着市场的扩大，村子与外界的联系增多，分工随之变得有益。一个大的城镇可以实现真正复杂的分工，建筑师、钢琴调音师和挖墓人都可以安居乐业。所有这些会在"看不见的手"的作用下，伴随着商品的买卖产生。

斯密认为分工具有普惠性，即便是社会最底层的穷人也会从中受益。工人的廉价衬衫得益于许多专注于不同工作的人和机器：纺线者制作棉线，纺纱者制作布料，裁缝缝缀纽扣。此外，还有那些伐木工和矿工，他们砍伐用于制造织布机的木头，挖掘矿石用于生产运输衬衫的轮船上的铆钉，可以说，一件衬衫的制作凝结了成千上万人的劳动。他们的工作最终组成了一个巨大的社会机制，每个环节犹如钟表中的齿轮般紧密衔接，将衬衫最终送到需要它的工人手中。

斯密也对财富的意义做出了崭新的诠释。重农主义者认为它是土地中的收获物，重商主义者认为它是黄金。在斯密看来，一个国家的财富是国家经济为人民制造的有用商品的总和——小麦、啤酒、衬衫、书籍。这也是当今经济学家所认同的观点。一个国家的收入（国民收入）等于一个国家经济活动中生产的所有商品的总价值。斯密意识到，经济的重要意义在于为人民提供消费产品。相较之下，重商主义者并不关心人民从商品中获得的好处，他们在乎的是制造商品以便出口换取金子；如果消费导致本国黄金外流，那么购买大批商品，包括进口商品就并非一件好事。

基于劳动力分工和个人利益，斯密提出了一种新经济的观点。他的支持者通常是那些相信市场应掌控一切，政府应该尽可能少干预，对经济"放任自由"的人，这些人奉斯密为智者。在《国富论》出版200多年后，美国总统罗纳德·里根（Ronald Reagan，1911—2004）成为其理论的拥趸，他将斯密视为启明灯。当时，白宫的幕僚甚至会佩戴印有斯密头像的领带。

　　然而斯密似乎不为所动。他鼓吹市场的作用，将其视为对当时统治欧洲并禁锢贸易的重商主义体制的抨击。他乐于见到这种体制瓦解，但仍然对政府在经济中扮演的重要角色抱有信念。另外，在正派者追求个人利益带来和谐的背后，斯密感到了一丝不安。劳动分工让每个工种的任务变得相对容易。尽管这有助于提高产量，却让工人们变得"愚蠢和无知"。此外，新财富如何在劳动者和雇主之间进行分配？矛盾与和谐同时潜藏于新经济的表象下，斯密之后的经济学家对这些问题逐一做出了自己的论述。

07

谷物遇上钢铁

工业革命下的因果链条

法国历史学家和旅行家亚历克西斯·德·托克维尔（Alexis de Tocqueville，1805—1859）在19世纪30年代访问曼彻斯特时，对这座城市处处流露出的新社会的气息感到惊讶。高耸林立的工厂喷吐出的浓烟笼罩着街道和房屋，四面八方传来的都是工业的声音：咯吱作响的机器齿轮声，蒸汽机的嘶鸣声和织布机有规律的击打声。像曼彻斯特这样的工厂，改变了整个19世纪的英国经济。工厂主购买制造商品——布料、玻璃和刀具——所需的工具和机器，并给每天从四面八方的农舍拥来的工人支付工资。商品的成本更加低廉，新发明层出不穷。男女老幼纷纷离开土地，迁入不断扩大的城镇。在那里，他们终日操控着以蒸汽为动力的机器，辛勤劳作，摆脱了日出而作日落而息的生活模式，转而听从闹钟和工厂主的安排。这种变化如此深刻，后来被称作"工业革命"。

在城镇的另一端是农村，那里种植着工人果腹用的小麦。农业长期以来被视为经济的基石，地主因此变得有钱有势。过去，人们会依据村子的习俗分配土地。之后，地主逐渐将土地圈起来，建造大型农场，农民和牧羊人成为领取工资的雇佣劳动力。资本主义社会的农场主雇人种植庄稼并通过售卖获利，而非为了自己食用。新的农业形式令食品产量增加，从而养活了日益增多的城市人口。随着像曼彻斯特这种仓库和工厂鳞次栉比的城市增多，国家财富的基础由农业转向工业。人们通过在工业经济中投资积累财富。大卫·李嘉图（David Ricardo，1772—1823）就是其中一位，他是英国顶级的股票经纪人。在成为富翁后，他转而成为经济学家，展现了这一职业的从业者身上前所未见的逻辑能力。

在18世纪，出身于富裕家庭的男孩都会学习希腊语和拉丁语，而李嘉图是个异类。他的父亲是一名犹太商人，他相信注重实际的教育更为重要，因此，李嘉图14岁时便被送到股票交易市场里工作。他的业绩十分出色并赚得盆满钵满。之后，他借钱给英国政府帮助攻打拿破仑·波拿巴（Napoléon Bonaparte, 1769—1821）。他的一笔交易是关于1815年滑铁卢战役输赢的赌注。李嘉图将钱借给政府冒了很大的风险：如果英国战败，他会损失一笔巨款。他的友人，经济学家托马斯·马尔萨斯（Thomas Malthus, 1766—1834）在这次借贷中持有一小部分份额。他感到十分惊恐，写信给李嘉图要求撤回自己的股份。尽管如此，李嘉图仍保持镇定，孤注一掷。当英国胜利的消息传来时，他在一夜之间成了全国最富有的人之一。

李嘉图曾在图书馆偶然发现亚当·斯密的《国富论》，于是开始涉足经济学领域。《国富论》成为对他影响最大的书，并启发他用出色的思维方式分析经济。当时，新兴资本家和拥有土地的旧贵族之间正争权夺利，问题是如何在资本家、地主和广大劳工之间分配日益增长的财富。尽管斯密展示了市场带来繁荣的方式，但他也察觉到了矛盾冲突的迹象，这些矛盾随着工人对高昂的食品价格的抱怨而逐渐尖锐。

一些人认为，地主征收的高额租金增加了农民的成本，从而导致食品价格居高不下。李嘉图对此持不同意见，他认为是高昂的食品价格抬高了租金价格。因为食品如此昂贵，地主以牺牲他人利益为代价，瓜分了绝大部分的国家财富。降低租金对修正这种不平衡于事无补。

为了阐明这个逻辑，李嘉图让人们将经济设想为一个生产谷物的巨大农场，地主将土地租给资本主义农场主。后者雇用工人耕地、播种，然后售卖农产品。随着人口增长，社会对谷物的需求量也在增加。土地变得短缺，为了增产，农场主只能开拓不那么肥沃的区域进行耕种。谷物种植难度加大，价格随之上涨。农场主需要很多工人在贫瘠的土地上种植大量谷物，除去支付给工人的工资后，农场主赚的钱所剩无几。你或许认为拥有肥沃土地的农场主会赚取更多的钱，因为他们需要的工人没那么多。但事实是，最终获利的是地主，因为农场主会因为使用土地而产生竞争：如果有农场主因为在肥沃的土地上耕种而赚取较高利润，那么其他农场主会向地主支付更高的租金来租种这些土地。因此高额的谷价会提高地主获取的租金，而非资本主义农场主的收入。在城镇拥有工厂的资本家怎么样呢？他们的收入也会下降，因为高昂的谷价令面包价格上涨，他们不得不支付给工人更多的工资用于其生活开销。对工人而言，他们因为要花费更多的钱采购食物，也承受着高昂谷价带来的损失。因此，李嘉图得出结论，"地主的利益总是和社会上其他阶层人员的利益相悖"。

地主的权力拖垮了经济，李嘉图如是说。当资本家建造工厂并雇用工人制造和生产物品时，他们增加了经济产量。但由于收入的降低，资本家的支出减少，财富创造减缓。而地主只要靠收租就可以致富。与资本家不同，他们不需要用收入进行投资，他们将钱花在雇用仆人、藏书或去热带地区为花园收集植物的远行上，而这些没有一件是对国家的长期财富有贡献的。

在李嘉图生活的时代，地主享有特权，因为英国法律是禁止进口廉价的国外谷物的。这一法律被称作《谷物法》，旨在禁止英国进口为满足人口增长所需的额外谷物，结果导致了谷物价格上涨。李嘉图的论证阐释了法律对地主抬高租金起了推波助澜的作用，令资本家的利益缩水，使工人变得贫困。1819年，在曼彻斯特圣彼得广场上举行了一次抗议示威游行，要求投票废止《谷物法》。军人向抗议人群射击，造成上百名群众死伤。这次事件被比作滑铁卢战役，称为"彼得卢惨案"。

同年，李嘉图当选议员，提出了针对国家问题的解决方案：废除《谷物法》。他说，这可以让英国成为"世界上最幸福的国家"。人们对他的提议置若罔闻。那时人们并不习惯听到基于严谨的经济分析做出的论证。对许多人而言，这些论证看起来脱离实际。一个议员评价，李嘉图"在论证时仿佛来自另一个星球"。最终，李嘉图赢得了辩论，英国废除了《谷物法》——在19世纪中叶，但那时，李嘉图已经去世了几十年。

按照李嘉图的观点，《谷物法》的废除会带来什么结果呢？价格低廉的外国谷物会涌入国内，工人不必再为高昂的食品价格苦苦挣扎；资本家的工资支出也会相应降低；资本家会用增加的收入进行再投资；财富的创造会加速。

废除了《谷物法》，国家便可以减少谷物的种植而买入便宜的进口谷物。自己种植谷物并不总是必要的，李嘉图表示。国家可以制造其他东西——布匹和铁——售卖给外国人换取他们的谷物。如果俄国的谷物比英国便宜，英国可以造出比俄国便宜的铁，可以预见两国会互相交易，从而实现双赢。

李嘉图明智的推理更深入地推动了这一论述的发展。即使两个国家的一方同时擅长生产谷物和铁，他们也同样可以从交易中获利。为了理解这个逻辑，想象你和朋友分到一个差事：从仓库中搬运沉重的箱子并清洁地板。你搬运箱子和清扫地板的速度比你朋友更快，你是否应该同时干两种活呢？并非如此。你在清扫地板时不得不放弃在搬运箱子上取得的成绩。而你的朋友，在清扫一米地板时间里所放弃的搬运箱子的数量肯定少于你。或许在清扫一米的地板的时间里，你的朋友可以移动2个箱子，而你可以移动5个箱子。相比较而言，你的朋友在清洁工作中要比你具有优势。即使在绝对不擅长清扫的情况下，他在清扫工作中也具备"相对优势"（comparative advantage）。如果你专注于搬运箱子，你的朋友负责清扫地板，你们可以用最快的速度完成这件差事。

同样的逻辑意味着，如果英国和俄国分别在铁和谷物方面拥有相对优势，英国应该只生产铁并从俄国进口谷物，俄国应该只生产谷物而从英国进口铁。这个观点具有深远的意义，正是由于每个国家都在某方面具有相对优势，因此拥有通过分工和贸易获利的可能性。国与国之间最好开放边境，支持对外贸易，而非自给自足。虽然有个别经济学家对李嘉图的这个观点提出质疑（见本书第12章），关于相对优势的理论仍然成为经济学家最宝贵的原则之一。

李嘉图凭借将一种新的推理标准引入经济学而受到赞誉。19世纪，英国作家托马斯·德·昆西（Thomas De Quincey，1785—1859）发现吸食鸦片使他无法正常阅读数学和哲学后，转而涉猎经济学。他对于当时经济学家的论著均不屑一顾，并表示任何有一点理智的人都会想要扼住这些愚蠢的经济学家的咽喉并"用女士的扇子把他们的细菌脑袋捣成粉末"。后来有人把李嘉图的书借给他，还没看完第一章，他便赞道：李嘉图的思考方式源自一个简单的起点——比如，肥沃程度不一的土地——从中发现它所引领的方向，而且从未偏离严谨的逻辑思路。德·昆西赞扬其通过逻辑探寻经济规律，在混沌的事实和历史中投入光明。李嘉图许多观点的出发点被后来的经济学家抛弃了，但他建立长长的因果链条的方法却被纳入经济学中。李嘉图的朋友经常表示李嘉图并不在意论证上的输赢，而是更关注通过理性寻找真相，即使有时真相和其自身利益相违背。1814年，他购买了5000英亩①的土地，并从中获得一笔可观的收入——他成了一个地主。然而，这并未妨碍他对自由贸易锲而不舍的争辩。政策或许会对他在土地上获得的财富构成威胁，但他的经济学原理证实了自身的正确性。

---

① 英制面积单位，1英亩等于4046.86平方米。——编者注

08

理想的世界

空想社会主义

人们常说穷人是咎由自取的：他们之所以贫穷只是因为懒惰或邪恶。但到了19世纪，作家维克多·雨果（Victor Hugo，1802—1885）在他最为著名的小说《悲惨世界》中讲述了芳汀的故事，她在丢了工厂的工作后，只能将自己的门牙卖掉来养活女儿。芳汀并非懒人或恶人，她是唯利是图的残酷经济的受害者。人们开始对穷人应该为自己的不幸受责备的观点提出质疑，一些人认为他们不应该再继续忍受穷困。

工业革命使一些人变得富有，但仍有很多人过着穷困潦倒的生活。人们拥进生活艰辛的城市，成千上万的人和芳汀一样，儿童因工厂无休止的工作受伤致残，疾病肆虐。在英国，最穷困的人可以进入济贫院，获得食宿——如果他们可以忍受那里艰苦的环境。

之前我们提到亚当·斯密和大卫·李嘉图，二者都认为贸易和竞争会带来繁荣。他们知道赚钱并非没有坏处，但总体上他们相信资本主义意味着进步。一群不同的思想家对周遭的社会感到彻底绝望，他们深刻体悟到城市的丑陋卑劣：骨瘦如柴、不识一字的孩童以及整日买醉排解忧愁的工人。只有全新的社会才能拯救人类。

法国人夏尔·傅立叶（Charles Fourier，1772—1837）便是其中之一，他曾从事多年枯燥无味的职员工作，后来通过努力，摆脱了这种生活，写出了离经叛道的论作《关于四种运动和普遍命运的理论》。在书中，傅立叶抨击了整个欧洲文明，认为这种由工厂和铜臭组成的社会是残暴和非人性的。让我们回忆一下斯密的扣针工厂，每个人负责一项细小的分工，扣针的产量得到了提高，但是整天磨扣针的工作是多么无聊！商业社会造成了人们情感的冷漠和疏离。玻璃制造商希望暴风击碎每家的窗户，这样便可以出售更多的玻璃。此外，富人和权贵阶层殚精竭虑地通过对穷人的压榨来巩固自己的地位。

傅立叶构想出了一种新的社会，称之为"和谐制度"。他设想人们都居住在一种名为"法郎吉"的基层社会组织里。它有一座长方形的建筑，包含工厂、图书馆以及一个歌剧院。在这里每个人可以尽情发展自己的爱好。傅立叶探讨了这些人们耳熟能详的爱好，比如友谊、理想以及对美食和音乐的热爱。同样，还有"蝴蝶"般的爱好，即对许多不同活动的涉猎，甚至是对"神秘哲学"的爱好，对阴谋的兴趣。根据傅立叶的统计，这些爱好可以相互组合成810种人类性格类型。

在法郎吉里，人们会根据爱好被精心组织起来。每一天，人们都可以按照自己的兴趣共同在一个团队里工作。他们可以种植玫瑰、饲养家禽或创作歌剧。更重要的是，每个人可以选择不同的团队。你可以从事任何自己感兴趣的工作，而不是日复一日地无聊地磨扣针。但是，人们如何赚钱呢？与资本主义制度支付工资的形式不同，人们可以按股份分享法郎吉的收益。

傅立叶每日中午在家中等候人们捐款来建立他的这个法郎吉，但无人响应。这个新世界仅仅是脑海中的蓝图。他曾畅想，在法郎吉建成后，人们可以长出带眼睛的尾巴，六个月亮将升起，大海会成为柠檬汽水。野生动物会和人类成为朋友：友好的"抗虎"（anti-tigers）会成为人类的坐骑。所有这些都让人们认为傅立叶是个疯子。此外，他提出了传统经济学几乎很难涉及的关于工作的问题：一旦我们获得了食物和住所，我们如何能找到充分发挥我们个性的工作？或许，今天校园里帮助学生选择适合自身技能和兴趣的工作的职业顾问是对解决这个问题的一种尝试。

如同傅立叶，威尔士人罗伯特·欧文（Robert Owen，1771—1858）认为，新型社区组织的创造可以解救人类。欧文是一个非常与众不同的人。他是英国年轻的工业经济的受益者，在自己的纺织厂中使用新式蒸汽机作为动力。他从一个店员最终成为著名的工业家，与从工人到公爵的形形色色的人打交道。他为自己左右逢源的能力感到自豪，这也成为他的论著《新社会观》的灵感源泉。欧文相信人们的性格是周围环境的产物，恶的人性来源于糟糕的环境，只有建立正确的环境才能获得良好的社会。在一个摒弃了资本主义残酷无情的竞争的环境里，穷人可以变成善良、快乐的人。对于完美环境的创造，欧文有自己的蓝图。

欧文赚取了足够的财富后想打造一个"理想型的"村庄，在大城市里创造有别于危险、肮脏的工厂的替代品。他在苏格兰新拉纳克收购的棉纺织厂里开展了这项实验。欧文设想的世界里布满了这类村庄。最终，他的梦想并未实现，但即便如此，他的创举在当时还是令人称赞的，不断有要人来考察他的小型社区。他开设了英国最早的儿童学校，取名为"性格养成研究所"。他缩短工时，鼓励工人保持住宅的清洁和个人卫生，并拒绝酗酒。为了推广良好的工作习惯，欧文在每个工人面前悬挂了一个"无声监视器"——一种每面涂上了不同颜色的木质方块。每种颜色代表了工人不同的行为：白色是优秀，黄色是良好，蓝色为一般，黑色为不合格。监工可以根据工人一天的表现转动方块，颜色将被记录在"性格登记表"上。当工人偷懒时，监工可以将方块转成黑色面，而不是冲他吼叫。最初，大部分人得到的是黑色或蓝色。后来，黑色减少，黄色和白色逐渐增多。

随后，欧文在印第安纳的新哈莫尼建立了一个社区。这个社区的设计要比新拉纳克的更加雄心勃勃，这是一个包含了农场、工厂和学校的小镇，欧文相信它完全可以取代资本主义社会。向往更好生活的科学家、教师和艺术家从美国和欧洲蜂拥而至（也吸引了一些无赖和古怪的人）。遗憾的是，迁至那里的擅长写作和思考的作家、思想家却搞不定挖掘水渠和伐木的劳动，无赖们终日游手好闲，不久，人们之间就发生了各种争吵，实验宣布失败。年迈的欧文后来转向了"唯灵论"——维多利亚时代与死者的灵魂进行交流的狂热学说。他会和威廉·莎士比亚（William Shakespeare，1564—1616）、威灵顿公爵（Duke of Wellington，1769—1852）对话，认为新社会会在已逝伟人的幽灵的帮助下建立起来。最终，欧文和傅立叶这样的人都期盼一种能提升灵魂，而不仅是提升物质或人民生活条件的经济形式出现。尽管他们并不清楚该如何将其实现。

一个野心勃勃的法国贵族圣西门（Saint-Simon，1760—1825）对这种社会形式有着极为迫切的渴望。他自幼就胸怀大志，认为自己是苏格拉底的化身。当他还是孩童时，仆人都会在早上这样叫醒他："起床吧，伯爵先生，今天你有大事要干！"他的第一部著作的致辞是"给人类"。他参加过美国独立战争，在法国大革命期间曾入狱一年。被释放后通过购买教堂的土地发财，但没几年他就倾家荡产，最终因幻想破灭而试图自杀。

圣西门认为社会应该由有才华的人统治，而非公侯子爵。每个人都应该全面发展，人与人之间是平等的，能力有大小，但出身不分贵贱。人剥削人的现象将不复存在，他们会合力开发自然，使用科学的原则积累社会的财富。科学家和工业家将在顶层指挥经济动作，将其视为一个独立的国家作坊。在他们的领导下，工人以合作的精神统一行动。国家应该创造一个人性化的、消除贫困的社会。

在生命的最后时刻，圣西门发表了《新基督教》，将他的观点变为工业时代的一种宗教。他的追随者在他去世后建立了多个教堂。他们身着白色裤子、红色教服和蓝色祭袍。白色代表爱，红色代表劳动，蓝色代表信仰。他们专门设计了一种必须在别人的帮助下才能穿上的马甲，象征人与人之间友谊的联结。不出所料，好奇的巴黎居民常去圣西门的追随者的住处，直直地看着他们。

傅立叶、欧文和圣西门认为市场和竞争并不能带来一个良好的社会，这也是他们经常被认为是社会主义的鼻祖的原因。社会主义是资本主义的替代品，并在此后的几个世纪被一些国家践行。在社会主义制度下，资源并不是作为私人财产被个人所拥有的。相反，人们共享资源，没有贫富差异。实际上，这些思想家的观点是繁杂的，今天并非都被认为具有社会主义的属性。例如，他们中的一些人认为私有财产只要不导致巨大的贫富差距就是有益的。

他们一致相信一个完美的世界——"乌托邦"（Utopia），可以借助人们的理性和善意得以创造。他们反对富人和穷人之间的革命和纷争。其和平转变的希望在19世纪中叶席卷欧洲的各种革命中土崩瓦解。他们的蓝图在马克思的革命著作中被视作幼稚的。虽然受到这些人观点的影响，马克思称傅立叶、欧文和圣西门是空想家，他们设想建立新的世界，但却不知道如何实现这个目标。他认为一个更好的世界的实现不能依靠人民的善意，劳资之间的抗争将会变得极为激烈，资本主义将在强大的革命浪潮中灰飞烟灭。新世界不会以和谐的方式产生，而会在喧嚣和剧变中诞生。

09

太多的人口

马尔萨斯与《人口论》

查尔斯·狄更斯（Charles Dickens，1812—1870）的《圣诞颂歌》描绘了一个脾气非常坏的吝啬鬼埃比尼泽·斯克鲁奇（Ebenezer Scrooge）。在圣诞前夜，他坐在办公室里，一边数着钱一边对想要在圣诞和家人团聚的职员咆哮。两位绅士走进斯克鲁奇的办公室，希望他能为穷人捐款，为他们购买肉和饮品。斯克鲁奇横眉怒目，将他们赶了出去，并对两位来访者抛下一句话："那些穷人最好去死，省得人口过剩。"

　　之前，我们提到过一位金融天才和一位伟大的英国经济学家，大卫·李嘉图和他的好友托马斯·马尔萨斯牧师。马尔萨斯并不像李嘉图那样善于挣钱，但因长于经济理论的分析而受人瞩目。他于1805年被派往东印度公司，负责培训这个英国著名贸易公司的职员，成为最早的经济学教授。很多思想家的观点在他们在世时并不为人所知，但马尔萨斯却不同。在狄更斯这部小说开始创作前不久，马尔萨斯就凭借一个经济学说而名声大噪，人们将他视为经济学领域的斯克鲁奇，四处兜售他十足刻薄、吝啬的理论。马尔萨斯惧怕不停增长的人口，他声称更多的人口意味着更多的贫穷，人口增长只能迫使更多的人陷入悲惨的生活，试图帮助穷人是没有意义的，只会雪上加霜。

　　早期的经济学者对人口众多所产生的后果并不像马尔萨斯这般悲观。重商主义者对此持赞成态度，他们相信庞大的人口有助于国家战胜国外的竞争，因为薪水低廉的劳动力可以使制造商向国外出口便宜的商品，规模庞大的军队和海军可以保护国家的贸易要道。

　　继重商主义者之后，空想社会主义者如傅立叶、欧文和圣西门认为贫穷并非注定的，他们相信发展是第一要义。如果人们彼此互助，贫穷和肮脏将不复存在。马尔萨斯的父亲丹尼尔·马尔萨斯（Daniel Malthus）十分推崇空想社会主义思想家的思想，坚信他们的思想是开启一个更好的社会的大门钥匙。马尔萨斯却强烈反对，父子之间常因此争论不休。最终，马尔萨斯将自己的观点集结成一本小册子并于

1798年出版，这就是使其声名鹊起的《人口论》。这本书的全称为
《论影响于社会改良前途的人口原理，并论葛德文[①]、孔多塞[②]和其他
作家的推论》，在标题中，他提到了自己所不赞同的英法改良派先
知，其中，孔多塞曾领导1789年法国大革命。法国人民通过起义推翻
国王的统治，希望建立一个更好的、平民同样可以拥有权力的社会。
革命如同耀眼的星火，但它能否真的令人类战胜贫困？孔多塞认为人
类正迈向完美的征程，文明已经经历了九种进化阶段，第十种——所
有人类和民族的平等——即将来临。

　　马尔萨斯对这种观点泼了盆冷水。他从一些听起来无害的论述
入手。首先，人类的生存需要食物；其次，他们必须通过性交完成繁
衍，更为重要的是他们喜欢并将一直交配下去。在几十年后，今天的
孩子会繁育出12个孩子，而这些孩子也会生育更多的孩子。人口会随
着时间呈几何级数增长。他认为，如果放任人口无序增长的话，经历
两代人之后，1000人将会增长为4000人，而在六代人之后，人口将
增至64 000人。那么用来提供给多余人口的食物呢？我们当然可以增
加一点粮食产量，但很多事情并不像人口翻倍那样容易。首先，你不
可能使土地面积翻倍；再者，马尔萨斯认为粮食产量在每一代都以一
种固定的产量增长，要比人口的增长速度缓慢得多，人口数量会迅速

---

① 　威廉·葛德文（William Godwin，1756—1836），英国作家、社会思想家，
曾为牧师，后拥护无神论和启蒙思想。——编者注
② 　马里·德·孔多塞（Marie de Condorcet，1743—1794），法国数学家、哲学
家，法国大革命时的吉伦特派领导人之一。他拥护自然神论，主张政教分离。——
编者注

超过食物的供给。

结果是什么呢？抑制人口会使人口数量与食物的供给相协调。首先，饥馑和疾病将使人口减少；其次，孩子的数量会减少。问题是，人们可能通过犯罪来减少人口，最糟糕的或许是谋杀新生儿。但是人们还是可以通过堕胎或使用避孕措施来减少出生人口数量，这两种行为在今天普遍被认为是犯罪。而最终的结果便是痛苦和罪恶：疾病和饥馑导致更多的死亡，人类的罪恶导致出生率下降。

假设国家获得了新的财富资源，比如可以养活更多人口的、从战争中掠夺的土地。首先，这将会带来更多的食物流通。随着生活水平的提高和人们体质的增强，出生率增加，死亡率降低。最后，人口增长，没有足够的食物可以供应，社会回到原点。人们的生存水平降低，又回到新的土地被发现之前的水平。19世纪的其他经济学家，如李嘉图对这种人们容易困在最低生活水准——仅仅满足生存的观点也持认同态度。这个观点暗示，工人的工资水平只可以满足他们的生存需求，并被称为"工资铁律"（the iron law of wages）。马尔萨斯用食物和人口之比阐释了这条法则的严苛逻辑。

马尔萨斯的计算中蕴含了另一种阴郁的暗示。几个世纪以来，英国各个地区都对穷人和病人提供了帮助。在马尔萨斯的时代，穷人会获得救济金购买食物。马尔萨斯对这种现象进行了批评，他认为领取救济金会奖励懒惰：如果人们不施以援助，穷人会自救。根据他的人口理论，给穷人提供帮助如同找到新的土地，这会使人口激增然后导致更多的悲惨境遇和犯罪，从而使人口重新回到与食物生产相协调的状态。慈善并不能在很大程度上帮助穷人或社会，而仅仅会使更多的人沦为缺乏道德的、悲惨的乞丐。婚姻和性是生命中的幸福和愉悦，但最终会导致痛苦。乌托邦主义者却视之为人类进步的重要因素！但仍有一丝希望：即夫妇可以选择有节制的性生活，以减少人口过多带来的负担。马尔萨斯鼓励晚婚，他自己也践行这一原则，直到快40岁才结婚。尽管对于某些人，这或许意味着不婚。

不出所料，马尔萨斯的这些论述一出，反对声便不绝于耳。人们抨击他是一个性情乖戾的煞风景之人，更糟糕的，有人指责他是一个迫使穷人陷于不幸境遇的冷血之人。卡尔·马克思将他的观点贴上了"诋毁人类的诽谤书"的标签。维多利亚时代的哲学家和历史学家托马斯·卡莱尔（Thomas Carlyle，1795—1881）称这些理论令人感到凄凉沮丧，并给这种经济学起了一个绰号——"阴郁的科学"（the dismal science）。

之后的历史证明，马尔萨斯的观点存在许多谬误。人口开始快速增长，但疾病和饥馑这些抑制人口增长的因素却在减少。在19世纪，更加发达的医学和更加洁净的城市环境使人们的寿命得以延长。马尔萨斯认为，当人们变得富有后，生育率便会提高。但是相反，19至20世纪，很多国家的人口增长放缓。更多有效、容易普及的避孕措施得以发明，越来越多的人认为采用避孕措施是正确的。甚至连马尔萨斯眼中那些悲惨的劳苦大众也不再生养更多的孩子，因为从事工厂和办公室的新型工作要比种地获得的薪酬高。孩子少了，他们便可以把喂养孩子的钱更多地投资在自身的学习上，以便找到新的工作。

在整个19世纪，其他改变也在悄然发生，即使是马尔萨斯和进步论先知们也没能够预见。新技术的出现提高了生活水平，人们的收入一直高于满足基本生存所需的收入。英国是第一个提升农作物产量以满足更多温饱需求的国家。随后，随着工业革命中蒸汽、钢铁和铁路的发展形成合力，其他生活必需品的生产成本也得以降低，并可以满足更多人的需求。如果画一张人口和平均收入变化的曲线图，可以发现，从这本书开始的日期到现在，这两条线在几百年里轻微地上下浮动，但在大部分时间里是保持平稳的。18世纪后，两条线急遽上升并一直保持攀升：人口数量增长，收入水平也增长到前所未有的水平。想象一下，20世纪中叶的普通人所拥有的：充足的食物、衣服，或许还有一辆车——在1700年，他们还只能吃些残羹剩饭，交通不便，不论去哪儿都得在泥地里跋涉几小时。而20世纪中叶，人口翻了6倍之多！欧洲和美国的经济学第一次开始对大城市和不断增长的人口持支持态度。这是人类历史上最非同凡响的变革，当然也是最显著的经济变革。人类经历了与困难漫长的抗争后，物质财富实现了极为快速的增长。

在经济实现腾飞之前，情境确实如马尔萨斯所描述的那样——收入增长缓慢，农民生存艰难。当日子难过时，亲戚或教堂会施以援手，惨淡的收入或疾病的暴发便会导致饿殍遍野，产妇死亡率和儿童天折率都比较高。如果马尔萨斯的理论是凄惨的、阴暗的，那也是因为当时人们的生活确实如此。他通过冷静的条分缕析透彻地阐明了早期社会人们生活中所要面对的种种困境。在当今，这些仍是世界上许多不发达国家民众要解决的。

今天，当人们谈及人口爆炸时，都会引述马尔萨斯的理论。很多人相信，世界变得拥挤、不宜居住是人口过多导致的。然而，在一些经常被人们遗忘的作品里，他曾表示自己绝不是人口的反对者，只要社会有能力满足温饱需求，人口数量是多多益善的。或许，马尔萨斯并非斯克鲁奇一般的人物，在他的朋友的回忆里，他待人友善、毫不吝啬。今天，许多研究多年经济增长的经济学家都认为，庞大的人口和健康的经济是协调的。虽然人们耗费了资源，但是也创造了新的能源：更多的人口意味着更多的智慧，也包括更多创造社会财富的新观点。

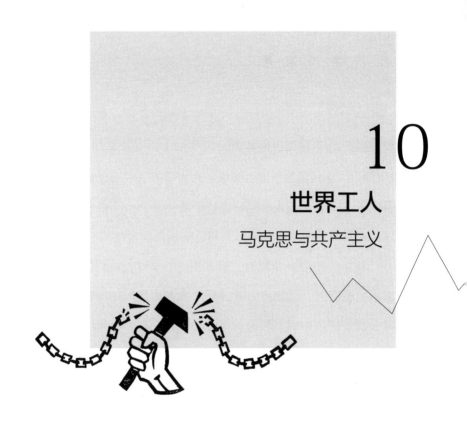

10

世界工人

马克思与共产主义

"一个幽灵，共产主义的幽灵，在欧洲游荡。"这是《共产党宣言》开篇第一句话，这本书写于19世纪中期，也是迄今为止最为著名的政治手册。幽灵——一种可怖的、带有威胁性的东西，指的是对当时欧洲资本主义制度的威胁。这种威胁来自另一种制度，即将来扫荡资本主义的共产主义。在这种制度下，私人财产将不复存在，工人将领导一切，而非老板。这本书的作者是两位德国人，卡尔·马克思和他的朋友弗里德里希·恩格斯（Friedrich Engels，1820—1895）。马克思是一位哲学家、历史学家、经济学家和历史上最为著名的革命家。一些人将他称为社会预言家，一个拥有远见卓识的伟大思想家。而另一些人则视其为将经济引向险径的邪恶之人。

马克思在1848年预言了资本主义的末日，当时的欧洲民族确实看起来如临深渊。在法国，被1789年大革命推翻的帝制得以复辟，人民再一次对国王充满了怨怼。当《共产党宣言》出版时，巴黎不断爆发起义，抗议者设置路障，和军人在街头展开巷战。马克思急切地参与到斗争中去，当他到达巴黎时，国王已经被赶跑，第二共和国宣布成立。胜利的欢呼声淹没了巴黎的广场。

在随后的文字中，马克思难掩激动的心情。他写道："至今，一切社会的历史都是阶级斗争的历史。"他认为，历史就是穷人和富人、资本家和工人之间的矛盾和斗争。马克思相信，他在巴黎所见的正是这种历史的抗争。此前，他已经预言资本主义将被工人们推翻。他希望起义成为他的预言实现的开端，但在数月之后，欧洲革命以失败告终，资本主义制度的灭亡似乎变得遥遥无期。

马克思返回了英国，这是欧洲最后一个可以容他继续发表危险言论的栖身之地。他成为所有在伦敦的外国流亡革命者的领导人。他目光如炬，令人不寒而栗，下颏蓄着络腮长胡，双手汗毛浓密，用他渊博的知识揭露愚蠢和丑陋。他经常当众斥责追随他的革命者们，并喜欢奚落权贵。他曾取笑英国哲学家杰里米·边沁（Jeremy

Bentham，1748—1832）的舌头肯定是皮革做的，才会如此乏味无趣，并称呼英国首相罗素勋爵（1st Earl Russell，1792—1878）为"畸形的侏儒"。

为了完整地阐述资本主义理论，马克思常年阅读浩如烟海的经济学书籍。他有着惊人的毅力，但也常常耽误事情、惹出麻烦。常常会有店主将他堵在门口，要求他支付迟迟未支付的账单，他的妻儿经常生病，小女儿去世时他借了别人两英镑，用来买棺材。他常常躲在大英博物馆的阅览室里如饥似渴地钻研大部头的历史和经济类书籍，每次回家都会带回一大摞的笔记。他通宵写作，烟不离手，周围是孩子们散落的玩具和破旧家具。写作的过程往往是痛苦的，因为马克思患有严重的肺结核，以致他不得不尝试用砒霜治疗脓肿。19世纪60年代末，他完成了第一卷《资本论》，而这花费了他近20年的时间。马克思哀叹自己为此牺牲了健康、幸福和家庭。因为脓肿处的炎症愈发厉害，马克思是站着写完最后几页的，在搁笔时，他说道："我希望资产阶级永远记住我体内的脓肿，直至他们灭亡的那一天。"

空想社会主义学家曾将资本主义称为"社会的毒药"。马克思同样相信，只有新的社会才能实现人的全面发展，但与空想社会主义学家所认为的这种社会会由人的善意实现的想法不同，马克思觉得这种观点是愚蠢的。他认为，资本主义内部本身就蕴含着新社会的种子。历史是伴随着一系列的经济制度向前发展的。在资本主义产生之前，经济由封建传统统治，拥有工厂的资本家是不存在的，社会上只有手工艺人、农民和贵族。随着权贵占有土地并建立工厂，农民和手工艺人变为领取工资的工人，资本主义便开始萌芽。最终，资本主义也会被取代，而这种更迭取决于资本家赚取利益的方式。

资本家购买原材料（衣服、纽扣、线）生产产品（衬衫），然后以一定价格出售。利润从何而来呢？弄明白这一点需要搞清楚经济价值的来源。马克思和亚当·斯密、李嘉图都认为产品的价值等同于制造产品的劳动力总量，这个观点被称为"劳动价值论"（labour theory of value）。如果制作一件衬衫需要30分钟，它的价值等同于30分钟的劳动量。马克思同样相信工人的工资用于满足自身的生存，即最低程度的衣食需求。假设工人用5个小时的制衣工作挣到的钱就足以养活自己，如果工时为12个小时，工人就得多付出7个小时的劳动，才能拿到满足生存所需的工资。那么，在额外的7个小时内做出的衬衣的"剩余价值"（surplus value）去哪儿了呢？它流入了资本家的腰包里。因此，剩余价值可以使资本家获得更多的机器和资金，从而扩大经营规模。

资本家通过延长工时和加大劳动量来剥削工人，榨取更多的剩余价值。而工人希望缩短工时，提高工资。工人之间出于对失业的恐惧而产生的竞争也导致工资的降低。无产阶级的前景十分黯淡：资本家使工人终日卖苦力，并"将妻儿拖入资本强大力量的车轮下"。

在马克思眼中，资本家和无产阶级之间的纷争属于资本主义深层次的矛盾。资本家通过变本加厉地压榨工人阶级来保护自己的利益，工人所能分得的经济利润越来越少。最终，他们根本无力购买工厂中大量制造的产品，另一方面，资本家的商品也销售不出去。长此以往，工人的生活更加悲惨，怨声载道。随着资本主义制度的崩塌，工人阶级获得了土地和工厂，共产主义社会建立，消灭了剥削。这种结果得益于私有财产的取消：熔炉或起重机不再属于某个特定的资本家，而是由全社会共享。人们按需分配，而不是领取资本家的工资。共产主义也会消灭阶级和阶级分化所导致的无休止的阶级斗争。

马克思相信资本主义本身意味着折磨和苦难——亚当·斯密那只引领和谐的"看不见的手"无处可寻。在资本主义制度下，资本家掌握生产方式：生产商品的资本。工人除了自身的劳动力外，一无所有。与封建社会中和地主关系密切的农民不同，工人可以自由选择雇主，但因为工人所能支配的仅有劳动力，他们的唯一选择就是为资本家工作并忍受剥削。资本家在国家法律的庇护下，通过拥有资本、占有工人的剩余价值积累资本，发财致富。传统的经济学认为，资本主义基本不存在斗争，因此资本被视作物品的集合，例如用来生产的厂房、传送带、锯子和织布机。对马克思而言，资本远不止于此，它关乎权力。资本依赖于划分为有产者和无产者的社会阶级，而资本主义的建立则依赖于取得所有权的有产者。对这一点的理解是看清资本主义现实的关键，也是马克思将此书命名为"资本论"的原因。

马克思的观点随后发展为一种世界观，即马克思主义，它成为20世纪最具影响力的政治思想之一。在他去世后多年，社会主义制度在苏联、匈牙利、波兰、中国等国建立。在这种制度下，国家掌控经济并指导工业和农业的生产。制度建立之初，工业确实实现了快速发展，但是人民经常要艰苦度日，如从事劳动营中繁重的劳动和忍受大饥荒（见本书第16章）。国家对众多工厂的管控最终变得越来越复杂，导致生产效率低下，新产品和生产手段的开发迟缓。在许多共产主义国家，比如许多欧洲国家，经济崩溃，共产主义功亏一篑。

此后的经济学家对于马克思的许多观点持有异议。在下一章里，我们将会发现，他们用新的理论取代了劳动力价值论。批评家同样认为，共产主义社会在现实中的失败，证明马克思的观点是错误的。他的观点更多是探讨资本主义内部的紧张矛盾，并未详细阐述共产主义未来的细节。马克思认为，只有当资本主义经济得到充分发展后共产主义制度才会得以实现。但是，第一次共产主义革命爆发于20世纪早期的俄国，其经济性质尚处于从贫穷的农奴经济走出不久的阶段，而非马克思所言的资本主义。

随着19世纪的到来，许多关心劳苦大众命运的思想家并不认为新社会的建立要靠推翻旧制度。他们认为资本主义可以变得更具善意。很多国家将选举权普及至工人阶级，后者在社会上获得了新的影响力。政府尝试缓解资本主义给穷人造成的生活压力。在20世纪初，法国、丹麦和其他国家开始为失业人员引入福利制度。德国在19世纪早期推行普及教育的政策，美国、法国和英国也紧随其后。政府逐渐将童工和文盲列为非法的，饥饿的儿童不再被送往煤矿和工厂。

　　工人的平均生活水平逐渐提高，这是否不符合马克思的观点？并非如此，因为马克思主义认为，即使资本主义可以提供汽车和电视，依然会对民众造成伤害。这也是马克思主义所说的"异化"（alienation）。他相信，在资本主义制度下，工人只不过是巨型机器上的螺丝钉。他们和老板用来赚钱、由自己生产的商品其实并没有真正的联系，他们开始将其他人视为劳动工具，而非人类。最终，他们被从人性中剥离，正是人性才能把他们和其余人联结起来。高薪并不能打破沉重的锁链。

　　私有财产将社会划分为有产者和无产者。人们只有通过工人发起革命，消灭私有财产才能彻底拥抱人性。《共产党宣言》在结尾发出了抗争性的号召："无产者在这个革命中失去的只有锁链，得到的将是整个世界。全世界无产者，联合起来！"

11

完美的平衡
新古典经济学

为什么一瓶香槟的价格如此昂贵？亚当·斯密和卡尔·马克思认为价值来源于生产成本，特别是制造过程中耗费的劳动力。但是，一瓶售价300英镑的香槟，其生产成本要远低于其价格本身。它售价高昂是得益于消费者的青睐，因为香槟可以使人感到满足和幸福。迄今为止，我们听到更多的是关于富有的资本家和在工厂里做苦工的工人的讨论。但是那些购买商品的人呢？他们通过消费商品获得满足：除了香槟，还有锅碗瓢盆、衣帽裤袜等等。毫无疑问，这对我们如何理解经济难道不也是具有重要意义的吗？

英国经济学家威廉·杰文斯（William Jevons，1835—1882）对此持肯定态度。杰文斯没有在研究拉丁语和古希腊语的传统经济学者身后亦步亦趋，他是第一个研究经济学中的尺度的著名学者，并发展了"边际效用"（marginal utility）的理论。想象你在吃太妃糖，你喜欢这种糖，在食用的过程中会获得一种满足感，或者说经济学家所说的"效用"。但是，你越吃越多，所获得的愉悦感将变得不再那么强烈。第10块糖带给你的愉悦感远不及第1块糖。如果吃了15块之后你便会感到厌倦，那第20块则完全让你高兴不起来。新增加的每一块糖所带来的愉悦感就是边际效用。"边际"的意思是事物的边缘，太妃糖效用的边际是你最后一块糖的效用。随着消费品的增加，边际效用是减少的，这就是"边际效用递减律"（principle of diminishing marginal utility）。

边际效用是经济学中最为重要的一个思想，杰文斯通过它阐释人们的消费行为。想象一下，你在咖啡馆，手里有10英镑用来购买热狗或可可。假设你要一次性花完这些钱，能买多少热狗和可可呢？你现在很饿，所以买了10个热狗，但你很快意识到，尽管饥饿，但只买热狗还是太傻了。如果你买了10个热狗，那么第10个热狗的边际效用将会非常低。但因为你并没有买可可，所以增加一罐可可所带来的边际效用则会很高。因此，如果将第10个热狗换成可可的话，所带来的效用便会增加。在结账之前再想一想，如果再买一罐可可，效用将比第9个热狗高。于是，你又把一个热狗换成可可。你不断增加可可，减少热狗后，可可的边际效用随着数量的增加而降低，热狗的边际效用开始随着数量的减少而增加。到底增加多少可可呢？那就是当增加1个可可和增加1个热狗带来的边际效用同样多的时候。如果你是热狗重度爱好者，应该购买7个热狗和3罐可可。（对我来说，如果这时的我更感到口渴的话，那么会买3个热狗和7罐可可），关键在于如何准确地使这些边际效用达到一种平衡。只要你算出正确的组合，便可以去结账了。

或许你会说，等等，当我购物时我并不会遵循这些步骤，我甚至到现在都不知道什么是"边际效用"！如果你在咖啡馆见到某人这样购买热狗和可可肯定会感到非常奇怪，但是，经济学家并不认为现实中的人们会完全那样做。我们现在所讨论的是一种经济模型——简单的现实场景。比如，我们假设你会将10英镑一次性花完，而且仅仅会购买热狗和可可。但现实中会有上百种商品可以选择，模型只是用来作为我们希望解释的关键点，在这里就是关于稀缺性的问题。在现实生活中你的钱有限，而商品却琳琅满目，你无法全部拥有。你确实无法像机器人那样计算，但是你仍然可以保证自己用有限的钱获得快乐的体验。边际效用可以通过模型的方式足够精准地解释你的行为。

19世纪晚期，这种使用边际原则的推理为整个经济学的研究方法奠定了新的基础，今天更成为经济学家们普遍使用的基本方法。杰文斯没有完成全部理论便去世了，但经济学家阿尔弗雷德·马歇尔继续深化了他的理论。终日手不释卷的马歇尔在阿尔卑斯山漫步时读到了这些理论。他在冰川旁一边休息一边读书时创立了许多观点，它们迄今仍是经济学专业学生入学必修的理论。

马歇尔的观点之一就是需求法则。在热狗的例子中，我们并没有考虑价格，这个法则关注的是价格如何对决定产生影响。产品的高价格导致需求走低，而低价格导致需求提升，不断降低的边际效用阐释了这个法则的来源，并且随处可见。假设，一个商店为了促销汤匙采用了清仓甩卖和大减价的办法，如果你没有汤匙，便会从购买一个汤匙中获得许多边际效用。你愿意花费4英镑购买1个，第2把汤匙的边际效用要少于第1个，因此你或许只愿意花费3英镑，那么第10把呢？你可能只愿意付出1英镑。当汤匙价格非常低廉时，你会买很多，但当它们价格高昂时，你只会购买1～2把。你会在商品的边际效用和价格之间进行比较。

边际原则不仅能用来描述人们的消费行为，还可以阐述企业的行为。如果销售汤匙获得的额外收入（边际收入）高于制作汤匙本身的成本（边际成本），企业便会生产另一种汤匙。随着汤匙产量的增加，每多生产一个汤匙的生产成本便会增加。这是因为，当工厂雇佣更多的工人后，每一个额外工人对产量增长的贡献都要小于最后一个工人。（想象一个工厂只有一个工人，如果多雇佣一个工人，产量将会急剧增长。但如果工厂本身已经有1000个工人，额外雇佣一个工人对产量的促进要小得多。）只有当汤匙的价格高到足够抵消高昂的成本时，工厂才会生产大量的汤匙。因此，工厂的供给量和价格高低是成正比的。

马歇尔用供给和需求的理论将消费者和企业联结起来，这个观点成为经济学中最为著名的理论之一。"需求曲线"（demand curve）将价格和人们需要的商品数量联系起来。将需求曲线想象成图表上的一条线，横轴代表汤匙的数量，纵轴代表价格。需求曲线向下倾斜：当价格降低时，人们的需求上升。"供给曲线"（supply curve）联系的是价格和工厂的生产数量。供给曲线则是上扬的：随着价格增加，可以抵消增加的生产成本，企业开始愿意生产更多的汤匙。哪一条曲线决定汤匙的价格呢？这如同问剪刀哪一个刃面在发挥作用一样——二者共同决定价格。当对汤匙的需求和供给完全相等时——需求和供给曲线相交时，市场便达到了平衡（均衡）。平衡是市场想要达到的状态。当价格达到一个特定的水平时便会产生平衡：这时，企业希望生产的汤匙数量和消费者需要购买的数量是一致的。

有的时候，平衡是会发生变化的。假设昂贵的、刻有图案的汤匙成为时尚，消费需求增加的同时平衡价格也会上涨。因为对企业而言，如果增加供货量，额外产量的成本便会增加，价格也会因此增长。假以时日，汤匙的高价会鼓励商人建立新的工厂。供给增加后，价格随之回落。供给和需求理论可以应用于很多类型的市场，包括小麦、钻石和房地产，它是经济学最为基本的工具之一。

　　竞争是经济学家一直使用的另一个理论。亚当·斯密对于竞争的观点非常着迷。马歇尔和他的同行将其发展为一个模型。设想几十个鲭鱼渔民在港口贩卖，一条鲭鱼的价格依据供求关系而定，假设为2英镑。竞争的重点在于，买家或卖家都无法操纵市场。如果一个渔民的鲭鱼价格是3英镑，你肯定会选择其他卖家；如果你只想花费1英镑，卖家也不会将鱼卖给你。买卖双方都无法改变价格，经济学家称其为"完全竞争"（perfect competition）。因为竞争使价格保持较低水平，所以不会有任何人从交易中获得巨额的利润。消费者也可以买到物美价廉的产品。

　　在杰文斯和马歇尔之前，经济学家将人类想象成个性极为丰富的群体。在斯密的竞争论中，商人们通过讨价还价和兜售实现利润最大化，而马尔萨斯的穷人们拼命生孩子。如今，经济学家将一种新的角色置于中心舞台："理性经济人"（rational economic man），即在衡量边际成本和边际效用后决定自己行为的人——例如将汤匙的价格和其效用进行比较。经济领域本身被认为由能够完美计算、头脑冷静的人组成。

　　这种经济外表沉静、和谐，与早期经济学家眼中的经济大相径庭。对马克思而言，资本主义完全就是资本家对工人的剥削。工人创造经济价值，但是大部分利益被资本家占有。而"理性经济人"世界仅仅由众多进行买卖的人构成，剥削这种现象是不存在的，你甚至可以通过边际效用决定自己的工作量。你会从额外一个小时的休闲（踢足球或看电影）角度考虑自己的边际效用，然后和工资相比较。如果你能从踢足球的一小时中获得许多边际效用，你会选择不去工作，除非被支付的工资非常高。你的时间不会再由冷酷无情的资本家所支配。

马歇尔的经济学被称为新古典经济学：它是斯密和李嘉图经济学的升级版。古典经济学关注市场如何掌控经济并使其繁荣；新古典经济学关注的是理性的个人如何掌控市场。这种经济学放弃了寻找类似劳动力或黄金这样的最终价值测量单位。价值仅仅是供求关系中所产生的价格。一瓶罕见的葡萄酒价格昂贵，是因为供应有限而需求强烈。

随着19世纪经济压力的减弱，这种新思维得以出现。工业革命让普通人也有能力购买蕾丝礼帽和陶瓷水杯，而马克思所密切关注的，潜藏在经济表面下的紧张关系被冷落在一旁。"理性经济人"实现了边际的完美平衡，成为经济学家关于人们如何行事的主要理论。有些人批评这种理论不切实际，他们质问经济学家是否了解真实的人性。虽然所有的理论都需要简化，但问题是，限度在哪里？后面我们会看到，甚至有些经济学家认为，"理性经济人"的步子迈得太大了。

12

挡住阳光

自由贸易与保护政策

19世纪40年代，一个经济学家给法国议会递了一封玩笑信，声称这封信由蜡烛制造商所写。在信里，这位制造商抱怨道，他们正被一个以无比低的价格进入市场的竞争对手所摧毁。这个恐怖的竞争对手是谁呢？就是太阳。蜡烛制造商恳请议会通过一项法律，要求关闭所有窗户、窗帘，并堵住所有透光的洞口。他声称这项法律会拯救蜡烛工厂，并帮助法国致富。

此封信的作者通过这种方式讥讽一直抱怨来外来产品竞争的商人们。他们或许会以国家整体利益为借口提出自己的论据，但是他们真正关心的只不过是自己的工厂能否从中捞到好处。今天，这种对国外竞争的抱怨仍然不绝于耳，比如美国和英国的钢铁制造商对在本国销售的中国生产的便宜钢铁的牢骚声。

继亚当·斯密之后的经济学家意识到了允许国家间进行自由贸易的重要意义。自由贸易意味着来自不同产地的商品都会被同等对待：廉价的印度布料不会在英国遭禁或受限制。英国消费者可以自由选择自己喜欢的布料，如果印度布料恰巧更便宜的话。英国经济学家李嘉图真正完善了自由贸易的经济观点——各国应该专注于生产相对便宜的产品然后与其他国家进行交易，这样各个国家都会赢利。

但是，在19世纪也有对蜡烛制造商抱有同情的经济学家，即使他们并不打算真正禁止阳光。他们认为，自由贸易并不总能令国家获得财富，有时会适得其反。其中就包括德国经济学家弗里德里希·李斯特（Friedrich List，1789—1846）。他起初是自由贸易的拥趸，但当他在19世纪20年代访问美国之后，他发现很多美国人对英国古典经济学家关于自由贸易的论断持否定态度。美国的新社会需要新的、不同于英国旧社会的经济学。托马斯·杰弗逊（Thomas Jefferson，1743—1826），美国《独立宣言》的起草者之一，甚至试图禁止李嘉图的作品在美国出版。亚历山大·汉密尔顿（Alexander Hamilton，1755或1757—1840），美国另一个开国元勋，发展了自己与英国经济学家截然不同的关于贸易的观点。他参与撰稿的《联邦党人文集》通过美国独立后发表的一系列论文陈述了新国家运转的方式。他探讨了一种特别的美国经济体系的建立，并认为政府应该对美国工业的建立提供帮助。很多国家都试图阻止美国产品在本土的销售以保护本国的工业，汉密尔顿认为美国应该仿效这种做法，李嘉图关于自由贸易的观点根本不能解决美国的问题。

在《政治经济学的国民体系》一书中，李斯特深化了汉密尔顿的观点，使自己有别于英国经济学家。与今天的经济学家一样，斯密和李嘉图都相信国家之间的贸易和人与人之间的贸易类似：只是恰巧被边境线隔离的个人之间发生的买卖行为。当你从本地蔬果商人手中购买洋葱，你和蔬果商会实现双赢。那么凭什么反对你从国外供货商那里购买洋葱呢？李斯特认为，将国家贸易和个人贸易混为一谈的观点是错误的，因为不同的国家并不仅代表持有不同护照的人群，不同国家有不同的历史、文化和治理的方式，它们处于不同的发展阶段：一些是发达的工业社会，一些仍是农业社会。在李斯特的时代，英国正经历工业革命的腾飞，在经济上领先于美国、法国和德国。对其他一些有机会复制英国成功模式的国家而言，他们并不愿意建立自由贸易。

李斯特相信，只有在工业和工厂而非农场的基础上创造经济，才能实现发展。但在早期，新工业就像稚嫩的儿童。作为儿童，你需要被培育和关注，而不需要竞争一个职位去养家糊口。当你逐渐成长起来，将抵抗这些压力，你会学习新的技能，有朝一日作为一个成人面对世界。

根据李斯特的观点，在发展之前，"新兴工业"需要培育。假设德国想在19世纪发展钢铁和化学等新工业，将会受到经济上较发达的国家比如英国的阻碍。英国的制造商已经在不断实践中学会了如何生产更便宜的产品，他们已经在生产方法上进行了纠偏且工人效率极高。问题的关键在于，当国外竞争对手更为发达时，如何在本国建立一套全新的工业。德国人可能永远需要便宜的英国商品，新工业将无法拥有机会。

李斯特的建议会使新经济免于国外竞争。一种方法是对外国产品征税（或是"关税"）。德国对英国的钢铁收税，使英国钢铁的价格变得昂贵，德国人会因此购买德国生产的钢铁，新生的钢铁业便会得以生存。经济学家称其为"保护政策"（protection）。一个儿童并不是通过木盒子或木架子的制作方法，而是通过重复的锯木和锤打动作学会木匠活的。通过在维持经营上得到保护，新工业需要通过不断的练习直到掌握产品线并获得和国外制造商竞争的机会。此刻税收可以被取消，建立自由贸易。一个新的工业领域得以创立，随后整个经济可以实现工业化。对外国产品征税需要付出高昂的代价，因为人们会花费更多的钱。但是李斯特认为这种成本是值得的：当新兴的工业成熟时，经济也会发展，就像父母今天努力帮助孩子学习生存技能（比如木工）将来也会有用一样。

李斯特认为，自由贸易并不随时随地都会生效。只有当国家或地区间处于相同的发展阶段才会带来益处——比如19世纪的德国的不同区域。但对处于不同发展阶段的国家则没有什么好处：更发达国家的工业将彻底摧毁其他国家的工业。他批判了英国经济学家宣扬的世界主义，后者认为适用于英国经济的理论对法国、德国和俄国同样适用，比如自由贸易。自由贸易的真正意义在于英国对其他国家经济的支配的自由。

19世纪经常被称作"自由贸易的世纪"，是证明古典经济学家之正确的时代。19世纪40年代，英国废除了《谷物法》，它阻碍英国进口外国的谷物，避免与外国的农业的竞争。将其废除，意味着向自由贸易迈了新的一步。一个世纪以来，国家之间的联系不断增加，创立了全球经济，人们跨越边境，买卖各种产品，比如小麦、棉花和茶叶。尽管如此，有时，自由贸易在武力面前基本无法实现"自由"。19世纪中叶，英、法两国与中国发生了战争，部分原因是中国试图阻止英国贸易者在中国销售鸦片。英国逼迫战败的中国开放市场。这个世界已经偏离了李嘉图的自由贸易观，即国与国之间处于完全自愿交换商品的状态。即便19世纪自由贸易得到了发展，仍然存在很多的贸易保护政策。李斯特认为，保护主义对欧洲领先的经济，甚至对英国经济的发展都具有至关重要的意义。

即便如此，今天很多经济学家都支持斯密和李嘉图的观点，质疑李斯特对新兴工业的保护态度。他们认为保护主义会鼓励无能和浪费。企业之间的竞争是有利的，可以淘汰生产质量低下的经济。他们的劳动力和厂房可以由他人使用，以生产更好的产品。在20世纪，很多非洲和亚洲国家保护自己的工业免于竞争，结果产生了很多效率低下、业绩不佳的企业。

李斯特还从古典经济学家那里获得了经济学基本方法的全新观点：经济学家应该提出哪些问题，以及如何解决这些问题。经济学家总是会提出各种各样的观点：贸易使国家富有，更多的人意味着分配更少的食物等，并且经常持不同意见。他们怎样回答经济是如何运行的？这一点是非常重要的，因为这关乎经济学家如何以事实说服他人。李斯特认为，经济学应该以事实和历史为基点。一个国家的工业有哪些？工人数量是多少？在生产中使用了何种技术？掌握了这些信息便可以得出经济运行规律的结论以及使用什么样的政策来推动经济的发展。另一种方法是使用李嘉图的抽象推理。他以基本原理作为开端并用推理得出结论，他的论据看起来更多依赖于逻辑而非历史和事实。李斯特反对仅仅从逻辑上拓展经济原理的想法。你如何判断它们是否在不同的地方都能真正发挥作用，比如落后的俄国和发达的英国？

在19世纪80年代，这种争论演变为德语区经济学家关于经济学核心的斗争，即"方法论战争"（battle of the methods）。争论的一方是像李斯特这样的经济学家，他们认为经济学首先应建立在历史和具体的事实上，另一方认为应该寻求抽象理论。最终，各方在一点上达成了一致：理论需要经过历史经验的检验。另一方面，如果缺少理论的过滤，一堆事实很快便会失去价值。从那时起，经济学同时拥抱了事实的世界和理论的世界。即便如此，随着经济学的发展，获得卓越声望的是那些发明了新理论的经济学家，而非埋首于史实和数据中的那些人。经济学家开始热爱数学并用其创造了各种类型的精巧理论，它们建立在一般概念而非特定事实上。但是，并非所有人都同意这种做法。直至今日，经济学的批评者仍会抱怨这个学科已经偏离事实，演变为一种数学游戏，而不是对影响人类真实生活的经济事实的研究。

13

战争的利益

帝国主义

　　当1914年第一次世界大战爆发时，俄国革命者弗拉基米尔·伊里奇·列宁（Vladimir Ilyich Lenin，1870—1924）正躲藏在位于波兰塔特拉山脉里的一个偏远的小屋中。这是最新的一次流亡，这次，他远离自己的家乡，跨越了欧洲，躲过警察、政府特工并使用假名和假护照。在俄国，他曾通过《火星报》鼓动革命，他的同志将报纸从歌剧院的楼座扔向看演出的富人们。在狱中，列宁用面包制成的"墨水瓶"书写秘密信息。如果看守出现，他便快速将面包吃掉，曾有一天他吃了6个。

列宁认为，战争意味着互为敌对国家的统治阶级将工人送到战场上互相残杀，这些人应该团结起来，反对他们共同的敌人——欧洲的资本家。一个社会主义者是永远不会赞成战争这件事情的，列宁和他在全欧洲的战友联合起来，坚决反对战争。

8月5日——在德国向俄国宣战几天后，列宁被一件事震惊了。和他一同住在小屋里的当地的一个活动家给他带来了一份波兰报纸，上面的报道称，德国议会的社会民主党已经同意开战。起初，列宁以为这位波兰同志误译了这个报道，但新闻是真实的：社会民主党对国家的忠诚战胜了他们的政治信仰，英国和法国的社会党人也步其后尘。这令列宁大为恼怒。

列宁反对战争并不仅是出于对滥杀无辜的恐惧，还源于资本主义理论。他不仅是个思想家，还是个务实的革命者，也是马克思主义的追随者。马克思相信资本主义内部的阶级矛盾将最终导致资本主义的灭亡，列宁深化了马克思主义的观点，认为是资本主义自身导致了国家间的矛盾并最终引发了战争。

列宁指出了三种趋势：马克思是在单独的国家里对现状进行观察，但是20世纪初，国家间的联系日益紧密，贸易量增加，投资者向海外注入的资金也更多。另一个趋势便是大型公司和银行兴起，在资本主义早期，公司规模都较小，并由所有者本人投资，而后来大型公

司的资金都来源于大银行。列宁称其为"垄断资本主义"，垄断集团
即操控整个市场的占垄断地位的大型企业。其次是帝国主义趋势：欧
洲国家通过控制海外领地建立帝国，势力范围延伸至整个世界。建立
帝国的方式是让军队入侵，随后入侵者便会在海外领地上建立政府，
实现殖民统治。早在几百年以前，随着15世纪西班牙人和葡萄牙人征
服南美时，帝国主义便已萌芽。欧洲各国战争频仍，他们争夺海外领
地，那里遍布黄金、值钱的商品和可以变为奴隶的劳动力。19世纪
末，帝国主义列强间爆发了一种新的竞赛。欧洲各国为了争抢未被入
侵的土地连年交战，大部分地区位于非洲未被开发的区域。在1914年
第一次世界大战爆发初期，全球三分之一的土地已经被控制在欧洲各
帝国的手中。

　　列宁认为经济互联趋势、垄断资本主义和帝国主义之间是互相
联系的。在他所处的时代，传统观点认为帝国主义行径是一种英雄行
为，是冒险精神和伟大领袖骁勇精神的展现。此外，帝国主义国家为
贫穷的国家带来了文明，可以引领非洲人民和亚洲人民迈入现代世
界。列宁的观点要比传统观点更具前瞻性，在他看来，帝国主义仅
仅就是积累财富。他的思想深受英国经济学家约翰·霍布森（John
Hobson，1858—1940）的著作的影响，这个低调、具有学究气质的
人与列宁被秘密会议和监狱密谋围绕的世界毫无交集。霍布森并非一
个马克思主义者，但却是一个反抗陈腐观念的离经叛道者。他众多著
作中有一部是《一个经济异教徒的自白》，一位牛津大学的教授在读

了这本书后便禁止霍布森在大学里举办讲座。这本书奠定了列宁的基本论据的观点，在很多人看来完全是胡说八道。

　　霍布森的理论与当时经济学家们奉为福音的一个思想背道而驰：节省是好事。霍布森认为，有时一个国家会因为过度节省而灭亡。工人和资本家从商品制造中获得收入，你可以今天花掉这些钱，也可以将它积攒下来。收入微薄的人会把大部分钱用于购买食物和衣服。而富人的收入很高，很难一次花完。比工人多挣50倍工资，并不意味着在基本衣食上的花销也要多出50倍，虽然他们会购入一些古董花瓶，但最终仍将收入余额储蓄起来。霍布森和列宁认为，在垄断资本主义制度下，更多的经济收入会流向一小部分富人和有权的金融家的口袋里，这意味着一个国家的财富更多地被节省下来而非用于消费。节省下来的钱用来购买新的机器和厂房，从而生产更多的产品。经济学家将这种花销称为"投资"（investment）：当商人购买新的香肠机时便是投资，香肠的产量因此会得到提高。（当他们吃香肠时，却是在消费，并非投资。）

　　问题在于，随着投资的增加，愿意购买或买得起商品的人数却在减少。富人不会购买它们，因为他们已经用巨额收入尽可能地消费了——这也是他们为什么将剩余的钱积攒起来。而另一方面，工人阶级却囊中羞涩。因此，用节省下来的钱建起的厂房为所有者带来的收益越来越少。储蓄虽越来越多，可供投资的良好项目却在减少。而在海外进行的投资却还有获利的空间，为了使储蓄更好地流向国外，帝国主义列强便开始入侵其他国家，并建立海外殖民地。欧洲资本家开始在殖民地大肆建造厂房，并将在国内难以销售的产品倾销给殖民地人民。入侵国的军队保护厂房免于本地人占领。霍布森在世纪之交时作为英国和南非之战的战地记者目睹了这一切。19世纪80年代，南非发现了黄金，英国和南非在1899年爆发了战争（英布战争）。霍布森认为，这场战争的目的是让资本家控制南非的金矿。这场战争造成了成千上万无辜平民死亡，很多人在集中营中失去了生命。帝国主义的源头是贪婪，帝国主义的军队是用来镇压人民、帮助资本家积累更多财富的工具。当互相竞争的资本主义国家着手寻找新的市场时，彼此会对对方构成阻碍，于是，在19世纪末产生了领土竞争并最终在几年后导致了第一次世界大战的爆发。

霍布森将过剩储蓄称为帝国主义的"经济根基"（economic taproot）——它是基本的经济目标。这个观点有助于解释为什么资本主义并没有像马克思预言的那样灭亡。原因在于，它从帝国主义的扩张中获得了新生命。19世纪，很多人称赞帝国主义有助于国家间贸易的发展。霍布森的理论显示帝国主义是好东西，因为它为储蓄提供了关键的出口——是这样吗？霍布森并不这样认为。正是因为收入过多地集中于少数人的手里，才会造成过多的储蓄。解决方法应该是对收入进行重新分配，而非派部队入侵海外。在一种更为公平的收入分配下，更多的储蓄会被投入国内市场，这样便会从根本上祛除帝国主义的苗头。帝国主义只对一小部分群体有益——金融寡头和银行，它不会有助于整个国家，因为国家会通过增加军费开支来攻占新的土地并保护这些领地。同时，帝国主义会对殖民地人民造成伤害，使其被迫受制于外国军队和政府的统治。

在列宁眼中，问题要比不合理的财富分配严重得多。1916年，几百万工人阶级在战场上互相残杀，他发表了一本名为《帝国主义是资本主义的最高阶段》的小册子。马克思对资本主义和私有财产导致的剥削深恶痛绝，现在，列宁为这种愤恨火上浇油。资本主义和私有财产会不可避免地引发战争。他提出了根本的解决方法：将帝国主义战争转变为内战，不同国家的工人阶级应当停止自相残杀，奋起抗争并推翻本国的资本主义。只有这样，战争才会结束。

然而革命的火种并未燃烧，欧洲工人阶级却以极大的热情投入战争中去。列宁说，帝国主义理论做出了最好的解释。公司通过垄断地位和帝国主义攫取的收益意味着工人可以得到更高的工资，工人变成了容忍资本主义和战争的"劳动力贵族"（aristocracy of labour），满足于用工资买来的家庭舒适感，愿意继续保住饭碗而非发动革命。

列宁和霍布森认为，帝国主义吹响了资本主义灭亡的号角。在20世纪初，欧洲领先的经济得到增长，资本主义比以往更加生机勃勃。英国的资金流向海外，并不是由于资本家逃离经济萎缩所导致的销售困难，而是因为经济发展得很好。新技术创造了财富，使得企业家可以在全世界进行投资。例如，英国铁路增多所带来的收益令铁路企业家能在海外进行投资。虽然战争和殖民地与经济学有着必然密切的联系——对贸易和原材料的争夺——它们也会和其他欲望联系在一起，比如权力和地位。

在20世纪，帝国主义成了一个带有侮辱性的词，社会主义者用其控诉资本主义腐朽的行为。经济学家热衷于捍卫资本主义，对他们而言，帝国主义变成了一个肮脏的词语。随后，一群非传统经济学家将他们的观点复兴，将其融入了资本主义的新理论（见本书第26章）。

在战争爆发了几年后，列宁秘密潜回俄国，在卡尔·马克思观点的影响下发动革命，建立起世界上第一个社会主义国家。苏联这个新的国家是世界上第一大国并自称是与帝国主义不共戴天的敌人。不久，非洲和亚洲的殖民地人民开始用武力反抗帝国主义的统治，他们发动暴动和起义，最终赢得了自治。这些国家的经济处于初创期，因此被称作"发展中国家"（developing countries）（见本书第22章）。随着殖民地的独立，这些地区的人民开始尝试建立一种有益于人民利益而非满足外国资本家需求的经济。

14

吵闹的小号

福利经济学

　　第二次世界大战爆发后不久的一个夜晚，剑桥大学国王学院的教授被赶往一处防空洞躲避德国的轰炸。傍晚时分，他们得知警报解除后从防空洞里安然无恙地走出来，身体疲惫、睡眼惺忪。而就在面前的草地上，他们惊讶地发现，一个同事完全不顾周遭的危险，正独自坐在一把帆布躺椅上，全神贯注地埋首于一张报纸。这个人就是英国经济学家阿瑟·塞西尔·庇古（Arthur Cecil Pigou, 1877—

1959）。庞古性格古怪，终日穿着一件破旧的外套走来走去，将所有精力都倾注于思考的艺术中。庞古师从维多利亚时代著名的经济学家阿尔弗雷德·马歇尔，后者开创的基础市场理论仍为今天的经济学家所沿用。马歇尔将这个学生视为天才。

庞古的确将老师的理论进一步深化，他特别阐述了市场的运行并不总是完美的。大多数经济学家，甚至资本主义那些最忠实的支持者都相信市场会失败——有时，它并不能充分地使用经济资源。这里的"失败"并不一定意味着经济领域的大灾难或危机，有时候，即使整个经济没有坍塌，某种特定市场，比如渔业或石油业也可以崩溃。庞古精准地为其下定义，因此成为"福利经济学"（welfare economics）领域的先锋。他检验了人们在购买、销售、工作中以及公司在生产和雇佣过程中所做的决定为社会带来的整体利益。这是"规范经济学"的一部分。这种经济学分支可以用来判断经济形势，在这里就是一个市场运转的好坏。

庞古提出，市场经常指引人们做出有利于自身的选择，但这种选择往往会包含损害他人的副作用。为了理解这一点，可以假设你的邻居在吹小号。你并不喜欢他发出的吵闹的声音，特别是当他已经连续吹了几个小时后。这种情况下，邻居的爱好便具备了一种非故意的副作用：他的演奏令你感到烦恼。我们如何在邻居的愉悦感和你的烦躁之间进行权衡呢？在做判断时，我们会以整个社会为基点考虑什么才是最好的，而不是某个人。在这个简单的例子里，"作为整体的社会"，意味着对你和你的邻居来说最好的是什么。有一段时间你不会在意那些噪声，这时演奏所带来的好处——邻居的愉悦感——要大于代价本身，即你自己的轻微不悦。对整个社会而言，最好的选择就是继续演奏，但是3个小时后，小号的声音就要把你逼疯。假设第3个小时的小号练习带给你的恼怒情绪要比邻居从中获得的愉悦大得多，那么从社会整体角度而言，你的邻居最好在两个小时后收起小号。但问题是，他通常会继续演奏，因为在决定演奏时间时他仅仅会平衡对他本身产生直接影响的利益和代价（他"私人"的利益和代价）。他权衡了演奏的快乐和连续吹奏数小时导致的嘴唇的烦恼，但忽略了更广泛的代价（社会代价）：他带给你的烦恼。

同样的问题会贯穿整个市场。我们会更清晰地了解其间的利益和代价，因为二者可以用金钱衡量。例如，让我们设想一下一个油漆工厂和附近的渔业的利益。权衡了制造油漆的成本和售卖价格后，油漆厂会生产为自己带来最大收益的油漆数量。假设生产过程中会产生化学副产品，它不会影响工厂的利润，但会作为废料被排放到附近的河流里。渔业公司位于河的下游，化学废料的排放导致了一些鱼的死亡。这种情况下便会损害渔业公司的利益。油漆厂的这种行为和令人头疼的小号产生的效果是等同的。生产额外数量的油漆所导致的渔业公司的损失要大于油漆厂从生产和销售这些油漆获得的收益。如果我们将社会——工厂和渔业公司看成一个整体，那最好不要额外生产更多的油漆。但是，如同小号手，工厂仅仅将目光锁定在直接影响自己的个人代价，包括制造油漆所需的颜料价格，而忽视了更广泛的社会影响，即化学废料对渔业所带来的损失。从社会整体角度而言，市场导致了油漆的过度生产。

即便如此，非故意的副作用有时可以是有益的。如果包装公司发明了一种可以使食品容器更便宜的新型塑料，包装公司便会赢利，同样，使用这种知识制作出更廉价的仪表盘的汽车制造商也会赢利。包装公司研究新塑料为整个社会带来的好处或许会比公司赚取的额外利益大得多。但是，当包装公司在做研究所需投入的决定时，公司并没有考虑更广泛的社会效益，即会对其他公司带来的积极效用。因此，该公司会减少研究投入，而不是考虑社会整体的利益。在这个例子中，包装厂与油漆厂产生的问题是相反的。市场导致了"太少"的创造社会利益的产品。

经济学家将油漆厂的污染物和包装公司的研究称为"外部性"（externalities），因为除了创造者本身，它们还会对外部的人或公司产生影响。庇古指出，当社会效应（对每个人产生的整体影响）和"个人效应"（只对生产外部性的人产生影响）之间存在差异时市场失败的风险便会加剧。人们用货币支付个人的成本和收益：油漆厂购买颜料，顾客购买油漆。当个人的成本和收益没有产生任何影响时，市场便会实现良性运行。这种情况下社会等同于个人，所有社会影响都包含在人们购买的物品里。当外部性存在时，个人的损失和收益并不包括所有的社会损失和收益。外部性也不算在人们购买的任何商品中，比如工厂的污染物。在这些情况下，个人影响不同于社会影响。这就是我们说油漆厂"过度"生产的原因，它并不为污染付出代价，于是并不会为社会整体利益而停止生产更多的油漆。包装公司并不会得到研究成果所带来的全部收益，因此会选择更少的研究投入。

经济学家将那些人们不需要花钱购买也能从中获益的商品称为"公共产品"（public goods），比如路灯。我在夜晚使用路灯辨别方向时不会对另一个人使用同样的路灯造成阻碍，这种收益是具有非排他性的。与大部分商品不同，如果我食用三明治，你就不能食用，并且我可以通过不出售的方式阻止你的消费行为。那么，你为什么还要为路灯付钱呢？你完全可以说自己不关心安装路灯与否，等别人掏钱装好后再享受有灯光的街道。经济学家称之为"搭便车"（free-riding），它适用于很多重要的产品和服务。例如，你会在意组建军队保护国家安全的开销吗？军队保护了边境，所有人都会享受到其中的好处。当某些产品允许搭便车时，市场能提供的这类产品就会很少，甚至没有。

因此，当人们创造了外部性或者渴望公共产品时，说明亚当·斯密的"看不见的手"发挥的作用是错误的。市场没有充分利用社会资源：糟糕的产品数量过多，而好产品却数量不足。庇古认为，政府需要推动市场向正确的方向迈进，它应该鼓励"积极的"外部性，抑制"消极的"外部性。政府为公司开展研究投入的花费（拨款）可以鼓励包装公司有更多的意愿开发更多有利的技术。对油漆生产征税可以促使工厂减产使其产量最有利于整个社会。在庇古写下这些观点的时候，政府已经开始对所有类型的产品征税，比如酒精和汽油，这两类产品都会对该产品的消费者之外的人产生影响。（醉酒者会骚扰清醒的人，汽车驾驶员会损耗人们共享的公路。）

对于公共产品，政府实行了更有力的措施。政府可能会将税收用于提供产品本身，这是路灯和军队的开销基本一直由政府负担的原因。关于政府存在的一个主要经济论点就是，如果没有政府，便没有公共产品。

在庇古写下这些观点的时候，经济学家同样明白了，如果市场掌控在少数或唯一的公司（垄断企业）手里就会失败。在20世纪之初，巨型公司标准石油控制了美国大部分的石油市场，美国钢铁公司掌控了大部分的钢铁。因为不存在竞争者，垄断企业可以选择产品的定价，它具有"市场势力"（market power）。垄断企业试图推高价格以攫取更多的收益，高昂的价格意味着消费者购买数量的减少以及企业产量的减少。这种行为损害了整个社会，因为消费者想要更多物美价廉的产品，然而垄断企业仅仅以自身利益为基础决定产品的生产数量。在充满竞争的市场里，因为企业数量多，商品也就更多，从而使价格相对较低。这就是为什么经济学家认为竞争的市场要比垄断更有利于社会。

政府的"反托拉斯"（antitrust）政策尝试通过取缔垄断企业的

生产或将其分解为小型公司，从而使市场更具竞争力。在20世纪初，美国政府解散了标准石油，将其重组为几十个独立的公司。直到今天，政府仍然对垄断企业的影响忧心忡忡。20世纪末，一个法庭发现微软公司曾经尝试建立自身的垄断地位，为了有利于竞争，法庭限制了该公司销售产品的方式。

　　庞古的著作曾经被时间尘封。在他写作的那段时间——20世纪二三十年代——爆发了一场激烈的争论，争论的主题是"资本主义经济和共产主义经济谁是最好的"（见本书第16章）。庞古研究的是更具体的关于特定市场如何运作的问题。在第二次世界大战之后，大部分更为宏观的问题得以解决，很多人相信资本主义是最好的经济体系，但是它需要一种更强有力的政府行动才能保证其健康发展。庞古的著作为改良特定市场的运转提供了一些政策，如油漆业、渔业、石油业等。今天的经济学家依然会使用这些理论来思考政府如何应用税收和补助，为充分利用社会资源提供帮助。

可口可乐还是百事可乐？

不完全竞争经济学

　　如果你感到口渴，走进一家超市买饮料，你会发现琳琅满目的商品，仅碳酸饮料就有可口可乐、百事可乐、芬达、七喜等几十种。如果你想买一包薯片或一管新牙膏，也会面临同样的情形。之前我们讲到英国经济学家马歇尔，他曾将供求理论进行了完善。我们将商品划分成比如帽子、面包或煤炭等大类，然而，随着经济的发展，人们开始生产更多类型的基本商品——各种造型的帽子、多种多样的面包、几十种品牌的洗洁精。在20世纪初，企业开始变得更加精细化，并开发各种各样的新产品以满足消费者的需求。经济学家关于市场和企业的理论也需要与时俱进。

20世纪30年代见证了理论的进步，但这个理论的创造者却令人意想不到，她就是经济学家琼·罗宾逊（Joan Robinson，1903—1983），当时的女性完全被隔绝在经济学领域之外。罗宾逊于20世纪20年代在剑桥大学就读时，女性即使通过了考试也不会获得毕业证书。为了能有机会跻身经济学领域，罗宾逊认为自己必须提出一鸣惊人的理论，引起人们的注意。她用自己的著作《不完全竞争经济学》实现了这个抱负，这本书对企业行为进行了全新的分析。在一次花园聚会上，马歇尔的遗孀对罗宾逊的新书表示了祝贺。她告诉罗宾逊，她很高兴自己之前曾告诉马歇尔他宣称女性不能在经济学领域做出开创性的贡献是错误的，罗宾逊的书证明了她们可以做到。

《不完全竞争经济学》出版后的数月里，美国经济学家爱德华·张伯伦（Edward Chamberlin，1899—1967）也创作了涉及同一领域的研究著作《垄断竞争论》。这两本书引发了这两个"剑桥代表"的竞争，罗宾逊代表英国剑桥大学，张伯伦代表马萨诸塞州的剑桥市，即哈佛大学的所在地。张伯伦在大部分的职业生涯里坚称自己的理论与罗宾逊的并无相同之处。事实上，二者可谓不谋而合，他们都认为在市场中，每一类基本产品都有许多不同的种类。

在罗宾逊和张伯伦的时代，经济学家都抱持着完美竞争的理论。

这个理论的出发点是存在着许多买家和企业，每个企业售卖的产品都是一样的，它们之间存在着竞争，每一方与整个市场相比都是微不足道的。企业希望实现利润的最大化，但是不能仅靠抬高价格。如果这样做的话将会使顾客流失。在工业革命初期，企业的规模都比较小，通常以家族方式运作，由一人管理。但是随着企业的精细化程度越来越高，世界与完全竞争模式的差异也越来越大。

取代完全竞争的是其反面，即垄断理论，它检验了当市场由一个单独的企业供货时是如何运转的。但这一理论在自己的方向上走得太远，因为一个纯垄断企业是不存在的，比如一家企业生产所有的番茄酱，没有哪怕一个小公司的竞争。事实上，市场并非黑白分明的。罗宾逊和张伯伦试着将现实的阴影投射到经济学当中。企业在更符合实际生活的情境下会如何行动呢？

二人的观点结合了垄断和竞争的各个方面。如同今天，当你进入一间20世纪30年代建成的药店，会看到一系列的沐浴皂品牌。每一种的洁肤性能都大同小异，店里有梨牌的透明皂和设计蕴含了俄国宫廷香料的加信氏皇室肌肤香皂。宝洁公司为旗下象牙牌香皂的广告策划了宣传语"它能浮起来！"，旨在告诉消费者其与众不同的性能（在浴缸中泡澡时无须到处摸索沉底的香皂）。宝洁公司垄断了不沉底的象牙皂，加信氏垄断了芳香味道十足的皇室肌肤皂。如果加信氏提高产品价格，不会像在完全竞争市场中那样失去所有的消费者。皇室肌肤皂的使用者更青睐这种香皂，因此即使价格有一点上涨，他们也不一定停止购买。

加信氏并非垄断了所有的沐浴皂类型。假设它将价格大幅度提升，它的消费群体便会决定转而选择梨牌皂。其他企业作为竞争者出售其他种类的香皂，也阻止了加信氏成为一个纯垄断企业。同样，与完全竞争的市场一样，新的企业不断涌现，与现存的企业展开竞争，从而使价格保持在低位。

张伯伦认为，广告有助于企业产品从同类竞争产品中脱颖而出。甚至有时，广告并不向消费者宣传产品的实际性能。20世纪20年代，美国企业惠特曼为其巧克力产品制作了一条广告，广告并没有直白地介绍任何关于巧克力口味的信息，相反，画面里只有一个高尔夫球手和一群年轻时髦的女子，他们在一辆熠熠生辉的新车旁享受着一盒巧克力。这则广告将巧克力与一种奢侈的生活方式联系在一起。这和今天的香水或汽车广告类似，旨在创造一种"品牌形象"（brand image），广告可以向消费者传达企业产品与众不同的特质。通过这种差异性，企业在同类品牌的竞争中得到了一小部分的垄断权。

罗宾逊和张伯伦的理论因为混合了竞争和垄断，因此被称为"垄断性竞争"（monopolistic competition）。它的另一个名字是"不完全竞争"（imperfect competition），"不完全"是因为即便在企业间存在竞争也并不等同于在完全竞争行业中的那种情况。经济学家经常说，竞争市场能够更好地利用社会资源，因为它们以低价供应人们想要的产品，但是垄断企业做不到这一点，它们会导致更高的价格、更少的供应，两者截然不同。罗宾逊和张伯伦的观点更像是一种灰色地带。一方面，消费者在垄断性竞争行业中衡量不同种类的品牌：例如他们可以在可口可乐、百事可乐或其他软饮料厂商生产的饮料中进行选择；另一方面，这些行业充斥着试图通过推陈出新吸引消费者的企业。我们是否真的需要只是瓶子略微比其他品牌精美一些并通过一种昂贵的广告营销的香水？当然不需要，一些人认为，在这种意义上，垄断性竞争并没有充分利用社会资源。

不久，罗宾逊变成了传统经济学的批评者。"研究经济学的目的在于……学习如何防止被经济学家蒙骗。"她写道。她痛恨美国经济学家那一套依赖复杂的数学理解经济理论逻辑的方法。"因为我从没有学过数学，我必须学会思考。"（这一点上她失败了：今天，对先进数学方法的运用已经成了经济学的常态。）

她喜欢问一些尴尬的问题，时常颠覆传统的理论。比如，除了垄断性竞争，她想知道如果颠覆垄断理论（解决一个单独的企业向整个市场提供产品的问题）会怎样？如果将这个理论应用于购买者，而非销售者会怎样？"独家垄断买方"（monopsonist）被用来称呼一种商品的购买垄断者。一个购买了当地渔民捕捞的所有鱼的饭店是鱼的独家垄断买方。想象邻近一个小镇的地毯商店，它是当地唯一的雇主，因此，它是购买劳动力即雇佣工人的独家垄断买方。因此，可以为了自己的利益控制价格，在这里就是降低薪酬。在标准经济学里有一个重要的原则就是工人的工资应该和他们在生产过程中的付出对等。工厂的垄断可以使其支付较低的薪水。这与马克思关于工人受到雇主的剥削是彼此呼应的。（虽然马克思的理由是不同的：他认为资本家延长了工时并迫使工人辛苦工作。）通过使用传统经济学方法，罗宾逊有了对传统经济学家而言十分尴尬的发现。她利用这一发现，提倡提高工资的举措，例如设定最低工资，以及成立可以向雇主施压的强有力的工人组织（工会）。许多经济学家对此都持谨慎态度，担忧这些措施会破坏市场运作。

随着罗宾逊年纪的增长，她变得更为离经叛道。她会对社会主义国家大加褒奖，而这种立场在一个深受马歇尔理论影响的经济学家身上是罕见的，因为马歇尔理论是向着资本主义、市场和利润的。1975年是国际妇女年，《商业周刊》杂志预测，罗宾逊将会获得诺贝尔经济学奖。最终，罗宾逊未能如愿——或许是因为她激进的观点吓坏了评委。（直至2009年，女性才第一次获得诺贝尔经济学奖。）

继罗宾逊和张伯伦之后，经济学家开始研究"寡头垄断"（oligopolies），即由少数大企业所控制的市场的运作方式。这些巨型公司在20世纪初控制了整个的市场利益群体。德国的重工业掌控在5家公司手中，其中之一就是克虏伯。克虏伯公司的经营范围包括煤炭和钢铁，雇用了成千上万的工人，并在第一次世界大战期间为德国军队提供军品。英国的帝国烟草拥有13个分公司。克虏伯和帝国烟草并不适用于典型的完全竞争或垄断的模式，也不适用于罗宾逊的理论。它们并不像垄断竞争公司那样，通过推出极具竞争力的产品线获得利润。有时候它们会创立企业协会，通过共同瓜分市场来提升利润；有时候会在价格战中彼此厮杀，通过价格竞争把对方排挤出市场。罗宾逊的理论并没有捕捉到这些策略类型。

相比较而言，为极端现象创建理论是比较容易的，比如存在许多同类公司的完全竞争和只有一个企业的垄断市场。但处于两者之间的现象更为复杂。实现完全竞争或垄断的市场只有一个方式，但如果是不完全竞争的市场，就会有许多的方式，因此找到一个具有普适性的理论非常困难。今天的经济学家使用的是博弈论（game theory），这种方法有助于分析各种各样的企业行为。我们会在本书第20章中了解到，博弈论是研究一个人对另一个人行为结果的影响，它对于研究寡头垄断的行为是极为有用的：经济学家一直利用博弈论来检验不同企业在争夺市场统治地位时复杂的相互影响。

16

计划者
苏联的经济问题

在苏联的共产主义时代，一个制造挖掘设备的工厂停止向急需设备的煤矿输送机器，督察员在视察工厂时困惑地发现，里面堆满了机器的半成品。厂长解释说他们接到命令，要求将机器涂成红色，但问题是工厂的仓库里只有绿漆，如果他们将喷了错误颜色的机器交付使用，就会被关进监狱，与其冒险，不如停工。督察员请求他所在的部委允许工厂将机器喷成绿色后，这批机器才终于制造完毕，煤矿也得

以重新开工。

在20世纪30年代，苏联正开展历史上最为大规模的经济实验。它建立起了马克思所期盼的与资本主义完全不同的社会主义社会。从煤矿机器的故事可以窥见普通的经济学规则是如何被颠覆的。对英国或美国的工厂主而言，听从政府官员的指导意见，甚至使用什么颜色的油漆的想法可能看起来有悖常理。在英国，工厂可以按照自己的想法或按照顾客的喜好将机器涂上粉色的斑点。如果顾客最终拒绝购买涂有粉色斑点的机器，工厂会受到来自市场本身的惩罚，而非有人被关进监狱。

但是，苏联政府负责做所有的经济决策，从生产的产品种类、如何生产以及谁获得产品，一直到各种细节。它会拟定计划，告诉工厂生产多少拖拉机和鞋子以及每种尺码的数量。这种利用资源的决策方法被称作"中央计划"（central planning）。工厂遵循的是政府的命令而非市场的需求，普通百姓也要听从计划。如果你需要一处新房，你就得向政府提出申请。如果你想购买面包或肥皂，就必须去国有商店，在那里价格由政府制定，而非市场的供求机制决定。

另一处与资本主义不同的地方在于民众收入的决定方式。在资本主义社会是多劳多得，如果你赚取的工资多于自己所需你就可以挥霍。而在共产主义里，无论每个人的效率、体力或智力如何，收入都是一样的。人们获得的是"所需要的"，而不是他们自己创造的收益。无论你是否拥有过人的体能和智力，让自己能比其他人创造更多的产品，你所获得的酬劳是一样的。

苏联领导人承诺，共产主义会实现物质的极大丰富，共产主义制度憎恶资本家通过压榨工人致富，要比资本主义制度更加合理和人性化。俄国有一个关于神奇桌布的童话，当桌布铺开时，便会出现一桌丰盛的宴席。政府的五年计划似乎是为了使这个童话变为现实，但是事与愿违。关于食物、电力和汽油的生产目标的规划经常是错误的。民众只能整天在饥寒交迫中领取所需的食物。工厂墙上会看见这样的涂鸦："在饥肠辘辘中迎接五年计划"。而在20世纪30年代初，在第一个五年计划的末期，数百万人忍饥挨饿，饿殍遍野。

为何苏联经济出现了如此重大的问题？或许是共产主义本身的错误导致的。在共产主义制度里，人们的收入与所付出的没有关联，不论干活多少获得的酬劳都是一样的，谁还会去努力工作呢？谁还会去从事更为繁重或需要挑战的工作呢？事实上，人们为什么要工作呢？共产主义的失灵在于动机的错误，而争论也因此产生。共产主义的捍卫者认为，正是共产主义实现了资本主义制度中人的行为差异：在共产主义社会，人们具有服从性和忘我精神，是出于国家的利益而非个人利益投身于艰苦的工作中。

路德维希·冯·米塞斯（Ludwig von Mises，1881—1973）引爆了这场争论。米塞斯是奥地利的犹太经济学家，1940年因为躲避纳粹的迫害移民美国。1920年，他发表了一篇名为《社会主义共同体的经济计算》的文章。这里的"经济计算"指出了经济学中的基本问题之一：如何计算每个人的收入。社会主义共同体则是实行社会主义制度的一个联邦，与苏联极为相似。社会主义可以有不同的含义，有时和共产主义十分类似。最关键的一点在于，其经济并不是像资本主义社会那样由个人利益控制，而是经常由某种中央计划干预。所有财富都属于社会，而非个人。米塞斯的文章分析了中央计划替代市场是否可行，以及在社会主义社会或完全的共产主义社会中能否成功的问题。他的论点暗示，人们是否自私是一个无关痛痒的问题。他相信，即使最后一个人拿着微薄的工资还能欣然接受政府命令其打扫厕所的工作，苏联那样的共产主义经济依然注定失败。

设想一下，即使在最小的国家里，每天实施的是令人头晕目眩的经济决策：待售的成千上万种产品，不同行业的工资水平、新的商业的出现以及破产企业的倒闭。这些事情只有对漂流到荒岛上的鲁滨孙才是简单的。他知道自己是多么喜欢鱼而不是猪肉，因此可以决定自己是否应该花费一下午的时间去固定渔网或磨长矛。当一个名叫"星期五"的男人出现后，事情变得有点复杂，因为需要考虑第二个人的需求。而在人口上百万的国家，这个问题是非常严峻的。

在资本主义制度下，人们的欲望由价格决定。如果对布谷鸟钟的需求上升，其价格就会上涨。这鼓励钟表制造商增加产量，一段时间之后，受到高价格的驱使，就连家具制造商也会转去生产钟表，价格随之回落。消费者对于时钟的需求更好地得到了满足。市场还可以引导生产者实现对原材料的最大利用。钟表制造商可以挤掉其他购买木材的使用者，比如椅子生产商。因为钟表制造商赚的钱更多，便会愿意出更多的钱购买木头。因此，原材料在价格的影响下实现最有效的分配和使用——生产人们最想要的产品。

在中央计划中，政府主导着一切。苏联很多决策由最高领导人斯大林做出。他的会议永远都是决策性的会议，许多事情是领导人必须做的，比如成立新的部委或者与外国政要签署协议。他也经常要处理细枝末节的经济问题，比如一座新桥应该有一条还是两条车道，莫斯科的蔬菜应该种植在哪些区等。他和官员的会议经常要讨论上百个问题。难怪他会对工作人员吼道："你给我的文件已经摞到我的胸口了！"

米塞斯观察到的问题要比信息过量深刻得多。在市场经济中，价格会在木头实现最大利用的领域发出信号。没有价格就无法正确恰当地决定如何使用木头，或者鞋子和面包的生产数量，也无法决定面包或肥皂的价格。当政府决定价格时，价格便失去了作用。图书、面包和肥皂往往因为定价过低导致生产数量无法满足人们的购买需求，这也是为什么商店外永远排着长队。因此，在米塞斯看来，斯大林对价格和生产做出的决定只是在"黑暗中摸索"。他说"社会主义是对理性经济的废除"，苏联的经济问题在于制度本身不合理。

米塞斯的文章引发了关于资本主义和共产主义孰优孰劣的激烈讨论：如果共产主义是非理性的，那资本主义就是更优越的。随着共产主义的传播，20世纪50年代，世界上三分之一人口的地区建立了社会主义制度，这个问题也变得紧迫起来。尽管有这样那样的问题，苏联还是实现了巨大的发展。新城市如雨后春笋般涌现，整个国家快速向工业化迈进。许多思想家，包括很多经济学家，都对共产主义希望建立一个消灭剥削的平等社会的目标抱有同情。他们认为共产主义是进化的资本主义，而且苏联经济实现对美国的超越指日可待。

共产主义的支持者认为，鉴于经济本身的复杂性，把一切交给市场的做法并非明智之举。波兰经济学家奥斯卡·兰格（Oskar Lange，1904—1965）就是其中一位，他在第二次世界大战后成为波兰人民共和国派驻华盛顿的第一位大使。另一位是阿巴·勒纳（Abba Lerner，1903—1982），作为从东欧移民至英国的犹太人，勒纳青少年时期曾在贫穷的伦敦东区做裁缝，后来成了一名老师和排版员。20世纪30年代，欧美经济陷入严重的大萧条危机，他的印刷店倒闭了。为了找寻出路，他进入夜校学习经济学，随后进入伦敦经济学院授课。

兰格和勒纳不同意米塞斯关于社会主义非理性的观点。他们认同经济需要价格作为衡量标尺，但是他们认为，中央计划者有能力制定自己的标尺并用一种理性的方式运行经济。中央计划者只需要解决数学问题。你可以将供给和需求想成一个方程式：当鞋子的价格处于一个合理的水平，供给就会实现平衡。经济是由成千上万互相影响的市场组成的。在19世纪，法国经济学家莱昂·瓦尔拉斯（Leon Walras，1834—1910）将所有市场进行了检验，每一个市场用一种方程式表示，并显示什么时候实现平衡。他和追随者共同展示了市场实现平衡的方式。（我们将在本书第25章看到。）此外，他们还发现了引领市场更大限度使用经济资源的条件。

兰格和勒纳说：为什么不去解答瓦尔拉斯的方程式？这个答案将会告诉中央计划者合理利用资源的价格。在他们所处的社会主义制度里，合理的价格是存在的，但不一定非要出自市场。中央计划者可以对市场做出改进——除此之外还有什么呢？他们能够计算出最优价格，并进行各种调整，以实现比资本主义经济更好的公平。

对米塞斯而言，这是不可能实现的。如同垄断游戏，由坐在舒服的扶手椅里面的官员计算出的价格永远不真实。当人们谨慎地使用自己的金钱的时候，市场才是有效的。有真实意义的价格来源于商人试图获利的行为，而非摆弄方程式的经济学家。因此，米塞斯认为资本主义是唯一理性的经济体系。

17

炫耀你的钞票

有闲阶级与炫耀性消费

在威斯康星的小农场里有一个小男孩，长大后，他成了美国有史以来最具颠覆性的经济学思想家之一，他是这个国家最接近卡尔·马克思的人。与马克思不同的是，托尔施泰因·凡勃伦（Thorstein Veblen，1857—1929）并没有吸引一群革命者。但是和马克思一样，他也是个局外人，他是一个对自己所处的高速变化的社会投以批判眼光的观察家，并与这个社会格格不入。马克思，这个有着犹太血统的德国人从维多利亚时期的伦敦观察到了工业革命的进步，他的著作如同砸向富人阶级的炽热岩石。凡勃伦来自一个挪威农民的小社区，远离浮华的美国文化，他的著作里充斥着对美国权贵阶层虚荣空虚的嘲讽。

凡勃伦在美国工业化的进程中长大，恰逢1865年南北战争的末期。新的铁路线横贯宽广的平原；工厂里源源不断地生产出钢铁、木制品和皮靴；富足的煤、石油和土地成为美国经济的引擎；巨大的消费者市场以及数以百万的移民劳动力不断拥入，以寻找发财的机会，同时也成为经济发展的动力。19世纪末，美国的经济已经超越了英国，在全世界处于领先地位。

美国是第一个由新移民组成的国家，他们拥有小型的农场和小生意，而古老的欧洲社会则被划分为贵族、富裕的企业家和穷苦大众。随着美国工业的繁荣，小公司逐渐变为巨头公司，企业家也积累起巨额财富。一些人过上了奢侈阔绰的生活，远远超过了普通美国民众的生活水平。马克·吐温（Mark Twain，1835—1910）将这个时期称为"镀金时代"（the Gilded Age）：新财富只是表面上金光闪耀，但在肤浅的表层下则是一个充满浪费和不道德的社会。

凡勃伦以一种戏谑的眼光看待美国社会。从年轻时起他就特别喜欢颠覆传统、扰乱人心。当他还是一个男孩时，曾在一次争论中对邻居的狗开枪，并在邻居的围栏上胡乱用希腊语写上辱骂的话语。高中时，他递交了一封题为"为食人族请愿"的信，令老师大为震惊。获得耶鲁博士学位后，他返回了父母的农场，终年不事劳作，埋首于多种语言写就的书籍中。他爱好广泛，从生物学到古代神话无不有所涉猎。广博的知识为他从中年开始的离经叛道的写作提供了素材。他一直在各种临时的场所工作，包括通过窗户爬进去的朋友的地下室。在那里，他每晚用蘸紫色墨水的自制笔写作。

传统经济学理论并未涉及美国新富阶层的兴起。毕竟，经济领域里全都是"理性经济人"，他们精于算计，对成本和收益仔细权衡后才采取相应行动。拥有理性头脑的人总会实现效用或福利的最大化，如果这意味着使用财富购买金表和大理石雕像，那他们就会这么做。

在他最为著名的《有闲阶级论》一书中，凡勃伦驳斥了思考经济行为的传统方法。理性经济人衡量各种各样的物质需求，然后购买自己喜欢的物品。但是欲望源自何处？它来自每个人背后的历史和文化，这是很多经济学理论没有涉足的领域。依照凡勃伦的观点，人们并不是通过理性的计算决定购买行为和选择消磨时光方式的。你必须了解人们由社会所塑造的本能和习惯，才能真正理解他们的选择。

从表面上判断，资本主义社会与古代原始社会毫无相似之处，不存在雨中的舞蹈、用动物祭祀神明、将贝壳作为礼物赠给临近的村庄。资本主义社会中的理性民众投身于买卖和利润的赚取。但是实际上，凡勃伦说，如果近距离观察，你会发现现代经济里依然有原始习俗的痕迹。我们并非像一个完全理性的人那样出于需求购物，而是为了获得他人的认可而消费。设想一下你最近买的新款T恤衫：即使你是出于喜欢而购买它，但在购买的过程中难道没有考虑朋友们对它的评价吗？你会购买自己喜欢但是会被别人嘲笑的衣服吗？

在早期社会中，人们通过拥有足够的权力，而不用工作获得他人的认可。在历史上的某些阶段，随着人们越来越善于耕种和制造，产生了商品的盈余。这些盈余使得神职人员、国王和武士不用劳作。他们珍贵的物品——银酒杯、精致的头饰、镶有宝石的剑——为他们带来荣耀。普通工作被视作一文不值的。凡勃伦告诉我们，一些波利尼西亚首领已经习惯于让奴隶为其事事代劳，以至于他们宁可挨饿，也不愿意自己将食物从盘子送到嘴里。

凡勃伦在当代美国经济中也观察到了同样的本能。暴发户阶层以股票的收益为生，他们不需任何付出就可以继承大笔遗产。如同波利尼西亚的首领，他们通过炫富获得社会的肯定——参加休闲活动和购买奢侈品——并且不需要工作。凡勃伦将富人购买豪宅、皮草和去法国里维埃拉度假的行为称作"炫耀性消费"（conspicuous consumption），并称获得特权的少数人为"有闲阶级"（leisure class）。

有闲阶级的男士身着燕尾服和丝绸领结以显示他们从不从事任何制造工作，比如犁地或驾驶公交车。他们的穿着因此被认为要比农民简朴的尼龙衬衣更为漂亮。但是在凡勃伦看来，富人锃亮的皮鞋比穷人磨得发光的夹克袖子漂亮并没有什么道理。

为了彰显自己从没有削过土豆或擦过窗户，有闲阶层女士的衣服需要设计得尤为不适合日常穿着。我们对裙子如此迷恋的基本原因在于：它的昂贵、对穿着者每一个转身的束缚以及对所有有用行动的限制。贵妇的存在是为了显示她们的丈夫的财富。在某种极端的时候，引人注目的需求意味着当一件丝绸连衣裙的价格提升后，购买需求反而会随之上扬而非下跌。高价意味着买得起的人变少，这时，连衣裙成为炫耀地位的更好方式，于是更多的有钱人便想拥有它。

凡勃伦认为，炫耀性消费会扩散到想成为富人的较低社会阶层。中间阶层的人购买象牙手柄的勺子并非为了改善勺子的功能性，而是为了让使用者在朋友面前更有面子。即使最底层的穷人也可能为了保住最后一个花瓶或项链而忍饥挨饿。

凡勃伦认为炫耀性消费是一种浪费行为。它将经济能量从生产人们真正需要的产品转移到用来炫耀的商品。结果便会导致社会对枯燥和繁重劳动的不满：人们模仿富人追求更多的消费，富人为了引领潮流出手更为阔绰，为了不被抛在后面，所有人都疲于奔命。而凡勃伦拮据的开销确实让他的批判显得更为有力。他的衣服松松垮垮，看起来好像睡觉时没脱过，他的手表用别针胡乱别在马甲上。他建议抛弃丝绸和花呢，用纸制作衣服。

科尔内留斯·范德比尔特（Cornelius Vanderbilt，1794—1877）是当代美国类似部落首领的人物，他在19世纪从一个没受过教育的航运男孩成长为一个铁路巨富，所遗留的财产在今天看来数以亿计。范德比尔特家族曾建造很多豪宅以及度假别墅。他的一个儿子将罗德岛的大理石房子作为礼物送给自己的妻子，这个奢华的宫殿由50万立方英尺①的白色大理石建成。

在范德比尔特这种人的炫耀性消费的背后是一种被凡勃伦称为"掠夺行为"（predation）的本能。野人国王互相用长矛攻击彼此，现代有闲阶级在商场上用诡计击败对手。以范德比尔特和另一位商人丹尼尔·德鲁（Daniel Drew）争夺连接芝加哥和纽约的铁路线的控制权为例，德鲁策划了一场计谋，妄图通过影响铁路公司的股价来战胜范德比尔特。为了实现目标，他需要先让股价飙升。为此，他到访了纽约那些经常被股票经纪人光顾的酒吧，在和他们聊天的过程中，他故意掏出手绢擦拭额头上的汗水。这时一个字条掉在地上，他装作没有看到。当他离开后，经纪人们抓起这张纸片，发现上面含有一个"提示"，这些信息使他们相信，公司的股票会大涨。于是，经纪人们赶紧去购买股票，希望在价格升高后获利。急切的购入带来了股票价格的飙升，德鲁的计策如同比赛中的制胜一招（凡勃伦认为有钱人热衷于运动也源于同样的掠夺性本能），它使德鲁获得了铁路的控制权。

范德比尔特、德鲁与其他和他们一样的人成就了新的美国经济，但是这是一种残酷无情的资本主义。为了赚钱，他们不得不互相欺

---

① 英制长度单位，1英尺等于0.3048米。——编者注

诈、玩弄诡计。他们因自身的野蛮被称为"强盗大亨"（robber barons）。范德比尔特曾说道："我管什么法律不法律，难道我没有权利这样做吗？"

凡勃伦认为，掠夺本性对真实的人类需求毫无用处。然而，还有另一种本能，即"工匠技艺"（workmanship）。它指的是以满足整个社群需要而从事富于创造力工作的本能：比如修缮铁路以保证火车的正点率。凡勃伦并未像马克思那样号召革命，他认为，当社会由工匠技艺本能而非掠夺本能统治时，由炫耀性消费导致的浪费便会被杜绝。社会将摒弃野蛮社会的最后一丝残余，这意味着为了和邻居攀比而导致的非理性消费得到终结。拥有工匠技艺本能的人群包括发明和改进机器的工程师和技术人员，在他们的帮助下，引导经济实现以满足人类真实需求为目标的社会，是一个更好的社会。

尽管凡勃伦颠覆传统的经济学思想并未流行开来，这个性格怪僻的挪威人在1925年还是得到了同行的认可，在年近70岁时，他被邀请担任美国经济协会主席。对此凡勃伦表示了拒绝，并退隐到加利福尼亚州帕洛阿尔托市郊外山上荒草之间的一栋小屋里，过着离群索居的生活。简易的屋子里摆放着他自己打造的家具。1929年10月，在遥远的、摩天大楼鳞次栉比的纽约市，股市崩溃，耀眼夺目的美国经济在衰退的飓风中烟消云散。凡勃伦没能亲眼看到这一切，他去世于经济风暴来袭之前的几个月。直到生命最后一刻，他依然如隐士般，住在以老鼠和臭鼬为伴的小屋中。

18

在出水口下面

凯恩斯主义

1932年，美国的一首流行歌曲里有这样一句歌词："我曾经修了一条铁路，现在它已建好。兄弟，有没有一毛钱？"这首歌揭示了美国财富的一个源泉：在港口、工厂和城市间用来运输商品的绵延数万米的铁路线。20世纪20年代末的美国，食物充足，很多人拥有了自己的房产，普通人也可以拥有处理枯燥家务劳动的产品，比如洗衣机。但是如同这首歌里唱的，在短短几年后，许许多多当初为财富积

累添砖加瓦的工人被迫以乞讨为生。

1933年，美国失业人口达1300万人，相当于工人总数的四分之一。在一些城市，失业人口达到了50%。铁路开始运送一种新货物：数百万人躲在货运车厢里，穿越全国，试图寻找新的工作。约翰·斯坦贝克（John Steinbeck，1902—1968）的小说《愤怒的葡萄》以约德一家为代表，记叙了穷苦的农民从俄克拉荷马州向加利福尼亚州逃荒的艰难经历。在城市里，无家可归的人们用木头和锡罐搭成窝棚。这个曾经最富裕的国家为何沦落到如此境地？

当美国在经济危机的泥淖中苦苦挣扎时，英国经济学家约翰·梅纳德·凯恩斯试图找寻问题的答案。他当时已经闻名遐迩，并且是布卢姆斯伯里派（Bloomsbury Group）的一员。这个团体由生活在伦敦中部布卢姆斯伯里，具有反叛精神的作家和艺术家组成。他们中的小说家弗吉尼亚·伍尔夫（Virginia Woolf，1882—1941）这样形容凯恩斯："双下巴、嘴唇突出、小眼睛的饥饿的海豹"，但是另一方面又对他出色的才华大加赞赏。凯恩斯对于自己的能力非常自信，他在业余时间里自学经济学，当他参加公务员考试时，这门科目却得了最低分，为此他感到恼火："我肯定要比我的考官更懂经济学。"

凯恩斯相信19世纪的经济学家创立的传统经济学已无法解释20世纪30年代的经济危机，也无法解释富裕国家破产的原因。通常情况下，像美国这样的国家，每年的财富都会增加，生产的商品和服务也要多于上一年。随着时间的推移，人们的生活质量因此提升。有时经济速度放缓，产量比上一年减少。经济学家将这种现象称为衰退，美国的经济从20世纪20年代末陷入了一次衰退。在这一时期，企业减少生产、解雇工人，很多走向破产。美国这次发生的衰退因为持续时间之长以及程度之深，被人们称为"大萧条"。它波及全世界，蔓延至加拿大、德国、英国、法国和其他国家。一些人相信，这次萧条预言了资本主义的终结。

凯恩斯认为，经济衰退并非因为笨手笨脚的政府，也不能怪虐待工人的商人。没有人做错任何事，但是出于某种原因，经济整体可能出现了差错，它会因为自身的问题最终停滞不前。凯恩斯给出了自己的解释。

传统经济学理论致力于如何使用稀缺资源。当社会对靴子有无限需求时，而靴子的数量只有那么多，靴子就成了稀缺资源。当社会需要更多靴子时，就只能减少其他物品的产量，或许是帽子。像这样，经济学是关于市场如何进行调整的问题，比如鼓励生产更多的靴子，减少帽子的产量。传统经济学理论认为，国民收入仅仅等于工厂和工人生产的价值。它假设所有的工厂都满负荷运转，所有工人都有工作。由于经济利用稀缺的资源进行了最大程度的生产，所以，如果想制造更多的靴子，就需要将制帽工人转到制鞋的工厂。

凯恩斯观察到，整个世界在20世纪30年代进入了一个平行宇宙。1933年，美国工业产量比20世纪20年代末减少了一半，上百万人失业。美国经济本来能利用这些闲散劳动力制造更多的靴子，而不用减少生产帽子的人数。这十年的损失相当于美国每个四口之家少了一栋新房。因此，问题的症结不在于资源的稀缺性，而在于如何使用已经存在的资源。人们需要靴子、帽子和车，生产它们的工人和工厂随处可见。但不知为何，人们的需求和经济生产之间的联系被切断了。

按照凯恩斯的理论，一个国家的收入并不等于经济的产能。当相当多的工厂闲置，工人无所事事，经济产量低于其生产能力时，这种说法是无法成立的。相反，收入等于人们的需求消费的总量。当我购买你的帽子时，我就给了你收入。当我们所有人的消费减少后，购买量和产量都会相应降低，国民收入也因此减少。以此为起点，凯恩斯重新对衰退和失业进行了阐释。

他首先强调了传统经济学认为一个国家的工厂和工人永远忙碌的原因。他指出这个想法来自以19世纪法国经济学家命名的"萨伊定律"（Say's Law），凯恩斯对此进行了驳斥。在理解这点前，我们需要弄明白这个定律。萨伊定律认为，所有生产出的商品都将售罄，理由是人们只在乎其所拥有的有用的商品。生产靴子的人会卖掉靴子，再用钱购买衣服和帽子。帽子制造商会卖掉帽子，用来购入靴子和衣服。从任何一种商品售卖中获得的钱都会用来购买其他物品。一个企业因为产品卖不出去而缩减劳动力、关门大吉的现象是不存在的。因此，经济衰退和失业是不可能发生的。

根据萨伊定律，经济保有一定水平的支出以保证工厂全力以赴地生产，人人有工作。将支出水平想象成浴缸里的水位，当人们将所有收入用于消费时，萨伊定律是适用的。但是如果人们将收入积攒起来呢？想象浴缸里的水正从放水孔中流出。储蓄是经济支出中的"流出部分"。随着水面的降低，经济中的支出也在减少，这意味着企业产量的降低以及工人人数的缩减。有一件事情可以阻止这种现象发生。一条将放水孔连接到水龙头的软管，它可以将水导流回浴缸。储蓄不仅从下水口流出，还会最终回到浴缸中。储蓄被借给希望投资新工厂和做生意的人。投资——购买厂房、设备等——等于将支出"注入"经济中。储蓄被用来购买，因此流出相当于注入，即流出的量和注入的量齐平。因此，水位保持不变，经济继续运转，所有工厂和工人都充分工作。

如果投资者在建造新工厂时变得畏缩怎么办？那么储蓄便不会流回浴缸，相反会聚集在软管里。于是，水位看起来再次降低了。尽管如此，还是有其他的拯救办法。将水龙头开大一点，使软管里的水更快地流回浴缸怎么样？只要打开得足够大，流出的水再一次等于注入的水，于是水位——经济中的总支出——便不会降低。在这里，水龙头指利息，即借贷的价格。当利息降低时——打开水龙头——借贷变得便宜，更多的人会进行贷款。这是怎么发生的？当投资者停止投资时，他们停止将人们的储蓄作为贷款借出，这意味着有大量储蓄可以作为贷款，但是需求者很少。当供给大于人们的需求时，价格会降低。在这个例子里，降低的会是贷款价格，即利息。利息降低鼓励投资者借贷，并投资到新设备和工厂上。结果是，多余的储蓄——软管里存的水——永远会转变为新的投资。水位保持不变。

凯恩斯对萨伊定律提出质疑，他问道：为什么假设多余的储蓄会自动转变为对新厂房和机器的投资？世界充满了不确定性，人们并不一定要将自己的储蓄与厂房和工厂挂钩。或许你可能只想把钱放在床垫下面以备不时之需。在凯恩斯看来，利息并不能有助于将多余的储蓄转为投资。事实上，储蓄和投资之间并没有关联。软管并没有连接到给浴缸注水的水龙头上。它通向下水道，而储蓄在那里消失——在人们的床垫下面——而不是流回浴缸。

凯恩斯认为，当流出量大于流入量时，便会发生经济衰退，生意人开始对前途感到茫然并停止投资。这意味着，注入经济的投资少于流出的储蓄，浴缸的水位开始降低。产量降低，工人数量减少，经济陷入衰退，这就是美国20世纪30年代发生的状况。

这些事情的发生并不是因为谁犯了傻，或者行为冲动。事实上，衰退的原因是人们选择储蓄，而不是支出，我们也总是说这种做法是明智的。因此，问题在于，人们或许是过于明智了。凯恩斯说："每当你存下5个先令时，一个工人便会失去一天的工作。"

凯恩斯认为，一旦经济陷入衰退就无路可逃。认同萨伊定律的经济学家觉得，如果商人停止投资，经济便会自行调整，就像不倒翁一样。凯恩斯似乎是正确的，因为萧条持续了几年之久。如果经济是可以自行调整的玩具，就不会有那么多的失业人口。任何失去工作的人都是出于自愿，他们不愿意再从事一项工资不变的工作。但是，所有离开俄克拉荷马州去加利福尼亚州寻找工作机会的人肯定都是自愿失业的吗？通过批判传统理论，凯恩斯告诉我们为什么他们不是自愿的。

正是由于凯恩斯，经济学家们不久便在一件事上达成了一致：大萧条时期以及此后数次衰退期间出现的百万失业人口是支出变少的牺牲品。他的理论还有一个重要的意义：在他之后，经济学被划分为"宏观经济学"（macroeconomics，将经济作为整体进行研究，比如它帮助改善的就业水平）和"微观经济学"（microeconomics，研究个体消费者和企业如何做出选择）。

凯恩斯并不只是想创立一种新的理论，他还希望通过这种理论改善世界。在20世纪30年代，这意味着驱散失业的痛苦。浴缸的故事告诉人们他对问题的诊断，在本书第27章我们将会了解到具体的治疗方法。这个理论的要点是，既然经济无法自行修复，政府便需要有所作为。政府必须在经济中发挥前所未有的作用，以避免大萧条再次发生。资本主义在暴风雨中生存了下来，但也从此改变。

19

创造性破坏

资本主义的骑士熊彼特

美籍奥地利经济学家约瑟夫·熊彼特（Joseph Schumpeter，1883—1950）喜欢炫耀自己高超的智力和敏锐的洞察力。他曾说过，自己有三个远大的目标：成为世界上最伟大的经济学家，成为奥地利最好的马术师，成为维也纳最好的情人。后来他对自己只完成了其中两个目标而感到遗憾，因为骑马这件事进展得不太顺利。

这个故事体现出，熊彼特是一个充满矛盾的人。一方面，他出身于最优秀的学府，出没在精英之中。这赋予了他属于男人策马巡游、四处留情的时代的老派风度；但另一方面，他立志要成为一名伟大的科学家，相比古老的哲学和数学，他选择了最现代最新潮的经济学。

熊彼特的学生都惊讶于老师的旧式风范和他对前沿经济学理论的钟情。在奥匈帝国边缘一座小镇的大学里，他为了让自己的学生能够更方便地阅读最新的经济学图书，和一名图书管理员进行了决斗。（他获胜了，他的剑刺中了图书管理员的肩膀。）后来在哈佛大学，他因为自己戏剧性的进入教室的方式为人所知：他昂首阔步走进去，依次脱下自己的大衣、帽子和手套（一个指头、一个指头地脱），然后转过身来，用他贵族范儿的维也纳口音讲述经济学的精妙思维，闪耀全场。

这种新旧对比也贯串于他在《资本主义、社会主义和民主主义》一书中所陈述的资本主义理论中。根据熊彼特的观点，现代资本主义的果实——琳琅满目的商品和先进的生产技术——是由英雄人物创造的，他们是现代社会中富有传奇色彩的古代骑士。这些人是企业家，比如铁路巨头科尔内留斯·范德比尔特，或者通过扩张美国钢铁工业积累巨额财富的安德鲁·卡内基（Andrew Carnegie，1835—1919）。托尔施泰因·凡勃伦曾将范德比尔特和其所代表的人物看作古代社会里残暴野蛮人的返祖现象。"强盗大亨"用掠夺型攻击致富，却对社会整体造成了损害。熊彼特认为，这些人成为社会财富的创造者是因为他们在事业中投入了超乎常人的精力，而不是和别人战斗。

熊彼特称，这些企业家凭借自身的果敢，使创新成为经济发展的必要条件，从长远来讲也对生活水平的提高产生了有利的影响。他们利用发明制造出新的产品（利用新发现的电能制造出灯泡），或通过新技术的使用提高生产效率（挖掘机使煤炭价格更便宜）。在熊彼特看来，他们的动机不止于金钱，他们渴望征服、战斗以及彰显自己的优势。熊彼特家族中就有这样一位人物，他能干的祖父曾将蒸汽机引入熊彼特出生的小镇里，并利用它为镇上第一座纺织厂供电。

为了将梦想变成现实——建立工厂，制造新式冰箱和收音机——企业家需要获得砖头、钢铁和工人。当其他商人正在使用这些资源制造眼下消费者所需的商品时，这些企业家如何才能用它们生产人们尚且未知的那些新事物、新产品呢？银行的贷款使这一点变得有可能实现，它可以使企业家购买他们想要的一切。因此，金钱的作用超过了为买卖本身提供帮助——它成为经济有机体的心脏和血液，而企业家就是这个有机体的大脑，负责指挥。20世纪20年代，熊彼特成为一家奥地利银行的董事时，曾经有过这样的实践经验。在这个职位上，他为各种商业计划提供了资金。（熊彼特的经历也展示了企业家精神的风险，1924年，随着经济形势的恶化，他背负巨额债务离开岗位，又花了好几年才还清了债务。）

企业家获得成功的同时也得到了财富。他们的新商品在经济体中传播，人们发现自己想要一个留声机或电视，便出门购买。亨利·福特（Henry Ford，1863—1947）和安德鲁·卡内基分别靠着生产适用于大众的廉价汽车和在钢铁制造中引入新方法而发财致富。

　　很快，仿效者们开始仿效最初的企业家，生产出了同样的汽车、熔炉或染料。新商品和技术传播得更远了，这引起了整个行业的变革，并扩大了经济体量。最终，一些企业倒闭，经济开始萎缩，直至新一轮创新出现。资本主义的荣衰与浮沉都源自层出不穷的创新浪潮以及创业和模仿的消长。新技术淘汰旧技术——马车被汽车取代，蜡烛让位于电灯。胶卷制造商柯达公司崛起，然后又衰落，同时，在手机中率先应用数码相机功能的三星公司这样的新领袖站上舞台。熊彼特将这称为"创造性破坏"（creative destruction）。他认为资本主义不是别的，正是永不满足的企业家所带来的不断的变化。

　　与多数经济学家不同，熊彼特认为垄断有助于经济发展。经济学家们通常认为垄断是缺乏效率的，因为它获取的远远大于产出的。然而他们也意识到有一些例外。在一些工业领域，某类商品在开始生产之前，需要投入巨额的资金，例如供水商在供水前需要铺设管网。一家为整个市场供水的单一企业可以通过大规模的销量分摊管网的费用，其供水成本也相对较低。而让市场占有率为十分之一的10家企业分别铺设各自的管网要贵得多。熊彼特相信，垄断对于创新的产生具有特别重要的意义，它会给企业家尝试创新的冒险行为带来高回报。当企业家发明了一种新的发动机阀门，且是该阀门的唯一供货商时：企业家是这种阀门的垄断者，并因此获得高额利润。获得高额利润的可能性鼓励企业家创造各种新产品。没有垄断，新技术的发明将会变得更为困难。垄断刺激了为经济带来转变的技术进步，并最终产生更多物美价廉的产品。

熊彼特关于资本主义的观点与我们之前提到的马歇尔和杰文斯的传统观点也不相同。他们两人认为经济是静态的，像一张照片；熊彼特却认为经济是不断变化的，更像电影。在典型的照片里，人人知道能买卖的商品，在大多数时间里需求与供给保持平衡。由于许多企业都向消费者提供商品，彼此的竞争令它们不会获得高额利润，这时经济便达到所谓的"平衡"。传统经济学将经济中的资源——商品、原材料和可利用的技术——视为预设好的条件，并以此观察经济如何实现平衡。这里不存在企业家，只有知道自己该买卖什么，并以此实现效用最大化的人。熊彼特告诉我们，这种平衡实际上只是一种被定格的经济。"经济的参与者真是可悲的角色，他总是焦急地寻求平衡，"熊彼特说道，"他毫无野心，也没有企业家精神。总之，他没有力量和生命力。"在熊彼特看来，资本主义的要义在于企业家不停地向池塘里扔石头，创造性破坏的涟漪永不消逝。在马歇尔描述的经济中，各企业在油灯的价格上互相竞争。而在熊彼特眼中，成功的企业家通过发明灯泡击败竞争者。

事实上，资本主义和熊彼特本人有一些类似之处：胆大鲁莽、充满活力、奇思泉涌、永不停止。但在熊彼特光芒四射和聪慧的外表下，是一颗充满了困惑的头脑。他在试图了解资本主义的过程中洞察到了黑暗的一面。"资本主义能生存下去吗？"熊彼特发出这样的疑问，"不，我不这样认为。"

　　资本主义的勃勃生机中蕴含着摧毁自身的阴郁的种子。为了解释这一点，熊彼特做出了对一个经济学家而言非同寻常的事情。他对资本主义社会的政治和文化发表了意见，而不是经济学。卡尔·马克思曾从经济学的角度解释了资本主义必然灭亡的原因：资本家从制造的商品中获得越来越多利润的同时，工人的所得便会越来越少，最终整个制度坍塌。在熊彼特看来，资本主义的经济没有问题，问题在于资本主义对人们的普遍态度所产生的影响，特别是当企业规模越来越大时。企业家获得了成功，企业成长壮大，最终，巨型公司出现。它们应用领先技术推出层出不穷的新产品。接下来，创新将通过理性的方式得以执行——往往发生在公司特殊的研究部门。想象今天的大公司，比如苹果公司，它拥有各类研究小组：一些负责设计新软件，一些负责开发更快捷、更轻巧的手机，另外一些负责研发更强大的笔记本电脑。过去在企业家头脑中灵光一闪的形象，现在可以通过尝试和测试程序来实现。经济进步变成了公司政策和会议的自动化结果。

　　从经济的角度看，所有这些都是有益的：新产品的创造被提前规划了，并且变得可以预期。问题是，这太无聊了！公司变成满是身穿灰西装（或者苹果公司统一的T恤衫）员工的巨大机构。熊彼特的企业家最初是骁勇的英雄，最终却变为厌学、不做作业的乏味青年。他们反感打着领带上班、参加无聊的会议，他们反感资本主义制度下变得极其沉闷枯燥的生活，因此他们开始从本质上质疑商业和挣钱。一些人成为反对资本主义的"知识分子"，他们在大学授课，或者著书痛斥资本主义的弊病。他们号召政府从商人手中接管经济，建立社会主义社会。熊彼特认为这种现象在20世纪三四十年代初露端倪，当时，许多知识分子都对资本主义抱有敌意，国家开始在经济运行中发挥更重要的作用（见第21章）。

熊彼特关于资本主义末日的预言并未实现。直至今日，资本主义的运作包括重要的国家干预——被称为"混合经济"（mixed economy）——资本主义并没有灭亡。但是，熊彼特还是给我们上了重要一课：经济是不断运动的。在这一点上他呼应了马克思，和马克思一样，熊彼特认为社会主义是必然的。（熊彼特住在城堡里，不去谴责反而夸奖那些百万富翁，因此也被称作"富人的马克思"。）熊彼特认为，社会顶层人士——对现实不满的知识分子——的挫败会导致资本主义的终结。对马克思来说，愤怒的工人阶级是资本主义的掘墓人。马克思的社会主义建立在资本主义经济的失败之上，熊彼特的社会主义却来自资本主义的成功和企业的壮大。和马克思不同，熊彼特是资本主义的坚定拥护者，并不乐见其朝着社会主义转向。

熊彼特非常反对凯恩斯的新理论，该理论认为政府可以阻止经济滑入20世纪30年代那样的衰退。如果资本主义是不断改变的，它就不会灭亡。你只能沿着从马背上的信使到智能手机的历史，想象它在未来取得的成就。呼吁由政府来解决经济问题，是对资本主义的短视行为，只能获得权宜之计。熊彼特认为，这些权宜之计只会扼杀企业家精神，它只是暂时把资本主义放在续命机器上，然后置其于死地。

20

囚徒困境
纳什与博弈论

　　假设两个国家互相威胁要炸毁对方，其中一个国家配备了导弹瞄准敌国，另一个国家也会照此行动。每一个国家都试图通过购买武器获得优势，结果便是"军备竞赛"（arms race）。最后，两个国家都拥有大量瞄准对方的导弹。军备竞赛是"博弈论"的一个例子，这个理论诞生于20世纪四五十年代的数学和经济学领域。博弈论研究国家、公司和个人在某种情况下的行为，即一方的行为会影响到另一

方获得的结果。你的敌人购买导弹，便将你置于不利地位，并令你的国家安全受到威胁；你购买导弹，会对敌国产生同样的影响。每一方都需要决定自己的行为，同时将敌人的行为考虑进来。博弈理论家称其为"战略互动"（strategic interaction）：我们互相影响（我们互动），因此我们会根据敌人的行为来决定自己的行动（我们有"战略"）。博弈论研究无处不在的战略性的互相影响，从类似"剪刀、石头、布"的游戏，到经济中的利益追求、国与国之间的战争。

在第二次世界大战结束后，美国和苏联成为死敌，世界进入一个博弈时代。这个时代就是著名的冷战时期：双方都被卷入轰轰烈烈的军备竞赛之中，并互相用致命的核武器威胁对方。1964年，一部名为《奇爱博士》的电影对这种竞争进行了嘲讽，同时，其扣人心弦的故事情节，也很好地展现了当时所处的博弈时代，以及博弈论的基本观点。在冷战时期，美国军队在有助于国家安全的领域中投入了大量研究资金，其中就包括对博弈论的钻研。许多博弈论理论家为军队研究机构兰德（RAND，"研究和发展"）公司工作。在电影中，奇爱博士是美国总统武器研究的负责人，他是一个古怪的天才，戴着深色的眼镜，操着可笑的口音为军事战略出谋划策。据说他的原型是一个真正的天才——美国（原籍匈牙利）数学家约翰·冯·诺依曼（John von Neumann，1903—1957），他是博弈论的提出者之一，为兰德公司工作，并成了德怀特·艾森豪威尔（Dwight Eisenhower，1890—1969）总统的防御战略顾问。诺依曼天资聪颖，8岁以前就可以进行8位数除法的心算。成年后，他撰写了关于冲击波、空气动力学以及星球毁灭的论文，并在业余时间，开创了博弈论。

想象你自己是一位将军，需要决定是否购买更多的炸弹。你知道敌国的将军也要做出同样的抉择，你会如何做出实际的决定呢？决策的很大一部分在于搞清楚敌人可能采取的行动。一旦实现了知己知彼，我们会说结果可能是——双方都买导弹，或者没有一方购买，或者其他可能性。诺依曼迈出了一大步，他找到了得出结果的方法。但是这种方法仅在某种情况下适用，比如参与者可以进行协商并达成牢靠的协议。两个敌国的将领是无法做到这点的，因此需要适用于其他情况（包括参与者不一定会坚守承诺的情况）的方法。

1950年，数学家约翰·纳什（John Nash，1928—2015）想出了一个解决方法。纳什在普林斯顿大学就读期间就有了这个想法，他决定带着自己的观点拜访当时在普林斯顿任教的诺依曼。虽然诺依曼已经是大名鼎鼎的人物，但纳什并没有畏缩。（在那之前，他曾突然造访爱因斯坦，讨论他关于宇宙扩张的一些新想法。）著名的诺依曼将纳什送出门，告诉他，他的观点无甚意义。

事实上，纳什的观点后来成了博弈论中最重要的部分，并在今天被广泛应用。他认为博弈的结果——其"均衡"——是每个参与者的策略对其他参与者策略的最优反映。当每个人都这样做时，没有人有理由改变自己采取的行动，这便是博弈中的均衡。纳什证明了，大多数博弈都有均衡。以我和我的敌人而言，鉴于敌人购买了导弹，我最好的回应便是采取同样的行动，最糟糕的是，面对敌人的威胁而没有武器。同样的推理也适用于敌方，如果我购买了武器，他们也必定会做同样的事情。我们双方建立起导弹储备，这便是博弈的均衡。

军备竞赛是博弈论著名的"囚徒困境"（prisoners' dilemma）的一个版本，它由兰德公司的数学家发明。在这种博弈中，两个劫匪因为抢银行被捕，警察的证据不足，但是他们至少可以以逃税为由将劫匪定罪。劫匪被分开审讯，每个人都可以招供或拒绝认罪。警察告诉劫匪，如果他们一个招供而另一个拒不认罪，他们便会将不认罪者视为主犯，并将认罪者当作证人，拒绝认罪者将被判处20年监禁，而招供者会被释放。如果二人都拒绝承认抢劫的罪行，他们将会因为逃税被判4年监禁。如果二人都认罪，他们将因为抢劫罪判处10年有期徒刑。

劫匪们会怎么做呢？假设其中一个劫匪认为同伙会认罪的话，拒绝认罪将会导致他被悲惨地关押20年，因此他必定会认罪。从另一个角度来说，即使他不相信同伙会认罪，他也应该认罪，因为那样他就会得到自由。当两个人都进行了同样的推理后，他们就都会认罪。"囚徒困境"获得了清晰的平衡：两个劫匪都会认罪。

尽管如此，上述均衡还是有些奇怪。参与者做出对自己最优的回应，但获得的结果却并非对双方是最优的。两个人都不认罪才是最好的，但这却不是均衡：任一劫匪出卖伙伴的结果总是更好的，认罪是因为怀有获释的期望。在囚徒困境中，劫匪采取理性的行动，却获得了更糟糕的结果。在军备竞赛中同样如此，博弈的结果是两国都储备了导弹。最终双方都无法压制对方，但却都在武器上投入了大量资金。如果双方一开始都没有买入导弹，那才是最好的结果。

囚徒困境在经济学中总会忽然出现。以发电站中使用的大型涡轮发电机为例，20世纪60年代，美国两大制造商——通用电气和西屋电气公司，希望它们的发电机都能有一个好价钱。一种方式是彼此联合起来，同意减少发电机的销量并抬高价格。问题在于，当价格上升之后，其中一家公司可能在利益的诱惑下，通过降低一点价格来压倒对手，卖出更多的发电机。这当中的危险在于价格暴跌，导致两家公司获得的利润都下降。两家公司的处境和劫匪是否认罪完全一样。产油国也面临同样的问题。在20世纪60年代，这些国家彼此承诺减少石油供给，以便提高油价。但一旦价格上去了，一些国家就会想要生产更多可以销售的石油。

在商业、政治和日常生活中，人们有时竞争有时合作。博弈论提供了一种帮助我们思考这种复杂性的方法。什么时候人们会倾向于一起合作，什么时候又会激烈竞争？比如在囚徒困境中，合作总会面临破裂的风险。

一些博弈考虑到了更特殊复杂的策略，特别是接二连三地做出决定时，你可以在做决定的时候先看清楚其他人都做了什么。你可以说，如果你的竞争对手采取了不受欢迎的行动，你会对他们做出惩罚。在20世纪70年代，美国两家咖啡企业麦斯威尔和福爵互相争夺美国市场。福爵向东扩张，希望控制麦斯威尔作为主要供应商的区域。麦斯威尔发动了价格战，降低咖啡的价格，以便将福爵赶出自己的市场。其结果是：如果你进入我的市场，那么我就大减价，我希望这样能首先阻止你进入我的市场。但是，这种威胁的问题在于它们并不总是可靠的。你或许会认为我不会跟随你的战略，因为低价会让我赔很多钱。好在，在麦斯威尔和福爵的例子中，威胁生效了：麦斯威尔使福爵进军纽约市场的企图受挫。

但是，《奇爱博士》的故事展示了实施有效威胁是一件多么困难的事。为了阻碍一场核攻击，你会告诉敌人自己绝对会以牙还牙。可是，一旦敌人真的发射了导弹，他们便肯定你不会进行报复，因为两颗导弹便足以毁灭地球上的生命。在电影中，暴躁的美国将军下令对苏联发射核弹，美国总统试图取消攻击，但是将军切断了和总统的通信。总统召见苏联大使，大使告诉他苏联已经布置了一台"世界末日装置"机器，这个巨大的炸弹一旦被引爆，将会摧毁所有生命。如果对苏联发动攻击，它将会自动发射，并无法关闭。奇爱博士向总统解释了该装置的运行逻辑：通过自动化和不可逆转性，这台机器成了一种可靠的威胁，于是便应该能够打消敌人进攻的念头。电影通过奇爱博士对苏联大使的咆哮告诉我们，只有当所有人都知道这件事的时候，它才会发挥作用。

世界末日装置揭示了博弈论的一个基本策略：关键在于影响对手对你的想法。一家企业威胁要报复竞争对手，需要让自己显得好勇斗狠，而不是软弱无力。世界末日装置在经济中的体现就是建设一个比市场需求大得多的工厂。一旦建立起来，就算不惜血本也要席卷市场，只有这样才能收回一些建厂时的投资。20世纪40年代，美国铝业公司控制了该行业90%的产能，就是采用了这个策略来排挤竞争者。

纳什在年轻时通过几篇数学文章介绍了自己的观点，随后便销声匿迹。他一直饱受严重精神疾病的困扰，并在医院中度过了几十年的光阴，但是他的思想却在经济学中引发了一场变革。（2001年的电影《美丽心灵》讲述的便是纳什传奇的一生。）经济中的战略互动频繁发生，但是在博弈论诞生之前，这部分一直被经济学家所忽视。经济中存在许许多多的买家和卖家，任何一方都无法单独对价格施加影响。当成千上万的苹果销售商服务于成千上万的消费者时，如果他们以市场价格销售苹果，那么无论卖出去多少，他们都不用担心竞争对手的行为或想法，也不必处心积虑压倒彼此寻求生存。博弈论使经济学家可以对更复杂、更现实的人和人、企业和企业进行较量的情境做出分析。后来，纳什逐渐康复，并因其提出的具有开创意义的观点于1994年获得诺贝尔经济学奖。今天，该理论应用在几乎所有的经济学领域。

21

政府的暴政

哈耶克的警告

第二次世界大战期间的某个晚上，两个人坐在剑桥大学国王学院古老的小教堂的屋顶上。他们在那里守卫这栋由5位国王用超过100年的时间建造的教堂，以防它被德军飞机轰炸。这两个卫士将用手中的铁铲保卫它的安全——把落在屋顶的炸弹打出去。

这对勇敢的搭档是20世纪最著名的两位经济学家，这样的组合出人意料。首先，他们都极力反对对方的经济学主张。年长一些的是已经享誉盛名的约翰·梅纳德·凯恩斯，在前面的章节里我们已经谈到过他，他是一位智慧的、极具说服力又极度自信的英国人。年轻一些的是英籍奥地利裔的弗里德里希·哈耶克（Friedrich Hayek，1899—1992），他更为安静，说起话来礼貌谨慎、字斟句酌。战争爆发后，哈耶克任教授的伦敦经济学院撤离到剑桥，两人在凯恩斯所在的学院相遇。20世纪三四十年代出现了一系列的灾难现象，包括全球范围内的大规模失业，德国纳粹崛起，点燃战火（后者直接导致他们在那一晚登上屋顶），对此，两人却有着截然不同的看法。

毫无疑问，纳粹主义的系统里充满了令人心悸的残忍与谋杀。人们很容易相信，纳粹代表着纯粹的邪恶，反对纳粹的国家则正相反，它们代表着社会的善良与公正。只要这么想就可以了吗？哈耶克并不这么认为。事实上他的一些观点令人不安，甚至令人震惊。没错，英国和美国是纳粹不共戴天的死敌，并与之殊死战斗。但它们和纳粹的相似之处远比它们愿意承认的要多。德国的经济牢牢地掌握在纳粹政府手中，在英国同样如此，许多人相信政府应该参与经济运作。哈耶克认为，这种想法最终会导致政府的完全管控，不仅是经济，还包括生活的方方面面，其结局就是"极权主义"（totalitarianism）。在这个体制下，政府是全能的，全体人民必须完全服从它的管理，反抗会招来囚禁，甚至死亡。这样的事情已经在德国出现了，如果人们不警惕，那么英国同样有可能重演这一幕。

哈耶克为何将纳粹德国和类似英、美这样的自由民主国家相提并论？这样的比较真的完全是无稽之谈？为了理解哈耶克的意思，我们需要看看欧洲在第二次世界大战期间和第二次世界大战之后的经济状况。战争一旦爆发，政府就接管经济。在英国，政府要求工厂为军队生产更多的枪支和战机，并减少服装鞋靴等日用品的生产。这意味着人们能够购买的产品会减少，店铺只能分配到定量的基本货物，例如黄油、鸡蛋和糖，不能购入其他任何他们想要的货品。

　　这是对正常自由市场的巨大改变，原本政府应该允许工厂自由生产自己的产品，消费者自由购买，人们也可以自由选择工作的地点。但在战争的非常时期内，经济运作不能如常进行。战争期间的一幅海报上写道："增加英国生产，加速纳粹灭亡。"政府管控的经济可以帮助做到这一点。许多人认为政府应该在战争结束后继续在经济事务中发挥主要作用，到了20世纪40年代，许多经济学家得出结论，政府不论在战争期间还是和平期间都应该发挥重要作用。凯恩斯断言，承受高失业率的国家的经济会停滞，并且难以从经济内部找到出路，只有政府才能够化解这个问题。

　　越来越多的人按照这一思路思考问题。你可能会想象，防空洞里的人为了打发时间愿意去阅读一本激动人心但逃避现实的小说，而他们最不愿意看的恐怕就是关于经济和政府财政的文字。但在战争最激烈的时期，英国的畅销书却恰恰是厚厚一本有关这些内容的政府报告。人们在这份名为《社会保险和相关服务》的报告发售前夜就上街排队，准备购买。为什么人们会愿意阅读这样一部听起来枯燥无趣的著作？因为他们被一个观点牢牢吸引了，而这正是哈耶克所警告的：政府应该深度地参与到经济当中。这份报告说明了政府在战争结束后的计划。报告的撰稿人是著名的学者威廉·贝弗里奇（William Beveridge，1879—1963），他在年轻的时候就开始帮助伦敦东区的穷人。这份报告令他成为英国的国家英雄，人们蜂拥着前去聆听他的有关演讲。战争爆发之前，政府也帮助过穷人，但只是修补性的。贝弗里奇希望政府能够恰当地保护人们不受市场不确定性的影响——避免失业，并拥有养育儿童的足够收入等。政府需要战胜"五大罪恶"——贫困、疾病、卑劣、无知和懒惰，并建立"社会保障"体系，帮助失业和患病的人。政府要提供医疗、教育和住房，关注经济政策的制定并帮助创造就业机会。

哈耶克反对这一经济观点。他的老师是我们在第16章提到的奥地利经济学家路德维希·冯·米塞斯，米塞斯认为社会主义永远行不通。但是贝弗里奇和凯恩斯也并非主张社会主义经济，战后的经济是"混合"经济，介于资本主义和社会主义之间。政府掌管着煤炭、铁路这样的大型工业，控制部分商品的价格，并支付教育和医疗的费用，使经济具有一抹社会主义色彩。但强烈的资本主义色彩依然存在，仍有大量追求利润的私营公司。哈耶克拒绝这种折中的做法，他认为国有经济会剥夺人们的自由，哪怕是在混合经济这一中间路线上。

在哈耶克看来，问题在于，过去几个世纪以来经济的飞速增长赋予了人类一种权威感。增长来自成千上万个市场，并构成一个经济体，它不是由哪一个人创造出来的。人类变得失去耐心，并要求更快的增长，政府出于加快发展经济的目的，开始干预市场。为什么这样做会摧毁自由，特别是贝弗里奇所期望的那些将人们从经济困境中解放出来的做法？哈耶克认为，这是因为人们有不同的欲望，在认定什么是最重要的事情上不能达成一致。有些人希望有更多的画廊，另一些人希望有更多的游泳池。在一个单一的计划里，不可能满足所有人的所有要求。政府掌管经济的结局就是政府替人们做决定，人们将无法选择，个人的自由将遭到践踏。

哈耶克认为，失去自由甚至将付出生命的代价。他说："竞争经济的最终手段是诉诸法警，但计划经济的终极裁判则是绞刑官。"他这句话的意思是说，在一个自由市场的经济体内，懒惰的人损失自己的金钱（被解雇或者亏损），最糟糕的就是法官会将你的财产判给你的债主。而在国家管控的经济体内，如果做得不好，损失的不仅是个人财产，也是国家整体财富的一部分。全社会为个人的错误买单，你将无法用自己的财产赔偿公民的损失，因为国家拥有一切。你必须用坐牢甚至是生命作为赔偿。于是，试图摆脱资本主义不公正之困扰的努力最终走到了暴政的一端。

对哈耶克来说，英国仅仅用坦克和飞机（或者用一对铁铲）来抗击纳粹是不够的，还需要用观念来对抗纳粹。获胜的应该是经济自由的观念——政府让人们自行决定自己要做的事情。没有经济自由，政治自由是不可能的。没有政治自由，人们就无法自由地思考，政府会告诉你该做什么、想什么、如何生活。哈耶克在战争末期出版的著作《通往奴役之路》中敲响警钟。他感到自己必须写下这些，以警告人们其中的危险，哪怕这样做会惹恼当中不少人。哈耶克认为，如果允许政府控制我们，最终我们会成为中世纪的农奴——贵族统治下无法为自己做出任何决定的农民。哈耶克说，现代西方文明建立在个人自由的基础之上，如果我们忘记了这一点，文明就可能溃败。

哈耶克的著作引起了轰动（它读起来也比贝弗里奇的著作更有趣），并令他成名。英国的战时首相、保守党领导人温斯顿·丘吉尔（Winston Churchill，1874—1965）在1945年选举活动的广播中提到了这本书。他批评反对党工党让政府管理经济的政策，将工党与希特勒卑鄙的盖世太保相提并论。这是哈耶克对大政府批评之声的回响，这本书确实激怒了许多人，它出版之时，正是许多经济学家开始坚信政府参与经济运行的重要性时刻。哈耶克在伦敦经济学院的一位同事赫尔曼·芬纳（Herman Finer）称这本书"阴险"而"顽固"。当时，舆论不站在哈耶克这一边，于是，他放弃了经济学。几十年后，当自由市场的经济理论再度流行起来的时候，他再度引起了人们的关注（见本书第29章）。

最终，西方民主政治下的大政府没有催生新的希特勒（不过哈耶克也没说这是必然的，只是说我们更可能走向那个结果）。今天，大多数经济体都是私营企业和政府行为混合的产物。经济学家的争论也大都围绕在两者之间如何划界的问题上。哈耶克的界限比多数经济学家都更靠近自由市场。但就连他自己也说过，政府在经济上的部分开支是必需的：保障失业人口的基本生活，提供市场无法提供的产品。只要谨慎行事，这并不会危及自由。这受到一些人的嘲笑，他们认为哈耶克没能坚持到底。主张自由市场的哲学家艾恩·兰德（Ayn Rand，1905—1982）在哈耶克的《通往奴役之路》的空白处写下了对他的粗鲁评语："他是个'蠢蛋'，一个'大傻瓜'。"（He was an "ass" and an "absurd fool".）

今天，大多数经济学家都不认同哈耶克的基本立场，即更多的政府干预意味着更少的自由。当政府向全体儿童提供教育时，这是在增加人们的自由吗？人们可以读和写，就可以充分地参与社会生活——他们可以获得良好的就业，理解他们为之投票的领导人的政策。战后，政府在医疗和教育上的投入以前所未有的方式帮助了妇女和有色人种这类弱势人群，让他们可以过上自己应有的生活。最终，大部分讨论落在了我们对自由的定义之上——经济学家往往将这个难以回答的问题留给其他人。对哈耶克来说，这是必须面对的问题。不仅对哲学家，对经济学家来讲，这也是一个核心问题。

22

大推进
发展经济学

1957年3月6日，午夜来临之际，加纳总统夸梅·恩克鲁玛（Kwame Nkrumah，1909—1972）站在高台上朝下望着欢庆的市民们。在经历了多年的殖民统治后，在午夜钟声敲响之时，恩克鲁玛宣布加纳永远自由了。从这一刻起，加纳成了第一个获得独立的撒哈拉以南非洲的被殖民国家。在首都阿克拉的广场上，官方的庆典正在进行，加纳殖民者的旗帜——英国国旗落下旗杆，崭新的红黄

绿相间的旗帜升起。（人们唱着："加纳的孩子奋起吧，支撑起你们的事业。"）加纳成了先驱者。几年之后，英国首相哈罗德·麦克米伦（Harold Macmillan，1894—1986）谈起"变革之风横贯这片大陆"，到20世纪60年代，几十个非洲和更远地区的殖民地获得独立。

恩克鲁玛从诸多混杂的省份和民族中创建了一个统一、独立的国家。阿克拉的拱门上刻着"公元1957年，自由与公正"的文字，纪念着新时代的来临。恩克鲁玛知道，这句话的含义远远超越了国旗和新国歌的意义。自由与公正只有在人民吃饱饭、健康、安居、能读会写的时候才能实现。在独立之前，加纳通过出售可可获得了可观的收入。这笔钱当中的一部分被用来建造公路和铁路。不过尽管如此，如同许多新生国家一样，加纳是一个贫穷的国家，接近四分之一的儿童会在5岁之前夭折，人均收入也远远低于欧洲。恩克鲁玛承诺要在10年内让加纳成为理想的国家。

独立庆典的人群当中有恩克鲁玛的经济顾问阿瑟·刘易斯（Arthur Lewis，1915—1991），他自幼生活在大英帝国统治下贫困的加勒比海中的圣卢西亚岛上。在他还是少年时，他曾经梦想成为一名工程师，但很快他就发现，白人管理的糖料种植园永远都不会雇用一名黑人工程师。20世纪30年代，从伦敦大学毕业后，《经济学人》杂志拒绝了他，因为该杂志需要刘易斯去采访那些不愿意同黑人记者交谈的人。不过，时来运转，1940年，刘易斯成为历史上第一个受聘在伦敦经济学院任教的非洲人。1979年，他获得了诺贝尔经济学奖，迄今为止，他也是唯一获此殊荣的黑人。

刘易斯发现，与富裕国家不同，贫穷国家的经济充满了"现代"和"传统"的对比，奢侈品店周围满是街头小商贩。现代的部分包括资本主义的农场和工厂，它们雇用工人生产产品，获得利润。传统的部分包括家庭农场和企业，人们在亲属和朋友之间分享收益，而不追求利润的最大化。在一个贫穷的国家里，大部分的经济是传统的。刘易斯称为"二元"经济："发达的部分……被经济的黑暗区域所围绕。"

传统经济部门消耗大量人工，工人当中的大多数人对于生产的贡献很有限。妇女在家里从事零散的工作，年轻男性替旅行者搬运行李，报信的孩子在办公室门外闲逛。刘易斯说，实际上，传统经济当中存在某种"无限供给"的劳动力，就算把这些人的数量减半，你也感受不到这对生产有什么影响。这里隐含着经济增长的根源。现代经济部门可以以低工资雇用大量劳工，并获取高额利润。而这些利润被投入到设备和工厂当中之后，现代经济部门实现了扩张，传统经济部门就会缩小规模。"经济的黑暗区域"在后撤。

刘易斯帮助开创了"发展经济学"（development economics）。发展意味着进步和提高：婴儿逐渐蹒跚学步，学习如何交流并最终成为深谙世故的成年人。在19世纪，英国从一个农业社会转变为充满活力的工业经济体。如今，非洲和亚洲正试图重复这一道路。发展经济学的另一位奠基人是出生在波兰的英国经济学家保罗·罗森斯坦-罗丹（Paul Rosenstein-Rodan，1902—1985），第二次世界大战期间，他远离前线，在一栋安静雅致的英国宅邸里召集了一个团队，潜心研究未来新国家的经济前景。他们确信，为了创造一个更好的战后世界，非洲和亚洲的快速发展是必要的。

如同亚当·斯密和卡尔·马克思一样，所有伟大的经济问题思考者都迷恋"经济究竟是如何发展的"这一主题。那么，将"发展经济学"单独拿出来说的原因是什么呢？所有的经济学难道不都是关于发展的吗？从某种角度来说，确实如此。但加纳和其他一些新近独立的国家，比如印度和埃及，所处的外部世界已经不同于19世纪，那时候，曼彻斯特刚刚铺上英国的第一条铁路。到20世纪50年代，北美和欧洲的大部分国家已经远远超过了世界上其他地区的国家。这些国家已经可以生产便宜的电力，并且能够在长长的生产线上制造从收音机到方糖所有这些东西。因此，新兴国家已经没有必要把上述内容重新发明一遍。恩克鲁玛说："那些需要国家花费300年，甚至更多时间来获得的成就，一个曾经的属国（殖民地）必须在一代人的时间里努力实现。"

罗森斯坦-罗丹和刘易斯认为，新兴国家的经济潜力巨大，他们将这些国家称为"未充分发展"或"发展中"国家。最重要的是，他们认为，实施某些政策可以令这些国家变得更加富裕。发展经济学家和发展中国家的领导人认为应该发展工业。恩克鲁玛说，只有当工厂的烟雾让人们无法望见沃尔特河对岸的时候，他的人民才会感到愉快。这项任务的内容就是让加纳这样的发展中国家——主要由小农场和零散的村落构成的社会——实现工业化，生产出大量的汽车和化工产品。

直到20世纪40年代，大部分经济学家都认为只需要市场便已足够：对赢利的期望会鼓励商人建造工厂和电话网。但新的发展经济学家认为，市场在贫困的国家不能良好地运转。刘易斯解释了发展中国家农村中的大量劳动力会如何转移到工厂中，而罗森斯坦-罗丹则说，这一行动不会自动发生。

问题在于，一个工厂如果想要赢利，这有赖于其他的工厂。为了获得收入，一家新开的沙丁鱼罐头厂需要销售自己的罐头。谁来买呢？那些身处传统经济部门的人收入有限，很难消费得起罐装沙丁鱼。沙丁鱼工厂自己的工人可能会从自己的工资里拿出一部分来购买，但不会是全部，他们还想购买鞋子。如果这时候建设一家鞋厂，那么鞋厂的工人就可以购买沙丁鱼罐头，而沙丁鱼罐头厂的工人则可以购买鞋子。每一家工厂都为其他工厂的产品创造了市场。因此，想要实现工业化，需要有大量的工人同时进入不同的行业。这些工厂彼此依赖就都能赢利，而不能靠单打独斗。因此，如果你是一个准备开办沙丁鱼罐头厂的商人，如果所在国其他行业不景气，你可能会打消念头。港口、五金厂和造船厂必须相互依赖，因此也需要一同建设。发展中国家必须要从一无所有过渡到应有尽有，罗森斯坦-罗丹认为，只有政府才能准确地把握起飞的时刻。这需要对经济体的诸多领域进行大量投资，他称为"大推进"。

加纳做出了尝试。加纳政府建造了发电厂、医院、学校和一个现代化的港口。工厂和车间如雨后春笋般出现。最大的工程是沃尔特河上的一座大坝。8万人为这座大坝迁徙，坝址形成了世界上最大的人工湖。富裕的国家为这一项目提供"援助"资金，加纳政府满怀期待地设想触手可及的财富。

但大推进难以完成，特别是对一个缺乏经验的新政府来说。加纳的大推进确实提供了医院、电话和清洁用水，但同时也造就了很多低效的企业，其中的许多毫无意义。建造杧果加工工厂的时候甚至连杧果都没有多少，一家超大型工厂的玻璃产能超过了整个国家的需求。这些企业出现的时机并不恰当，于是引擎熄火，经济崩溃。大推进在非洲、拉丁美洲和亚洲的许多国家制造了麻烦。其中一个原因是政治和经济以一种有损发展的方式相连接。当政府向新行业投钱的时候，商人为了保证政府持续投资会无所不用其极。他们让政府始终做好人，其中一些人宁可努力劝说国家官员提供资金和好处，也不想办法提高自己工厂的效率。

不过，少数国家还是获得了成功，韩国就是其中之一。第二次世界大战结束后，朝鲜半岛被分裂成两个国家：社会主义的北朝鲜（朝鲜）和资本主义的南朝鲜（韩国）。这两个国家在20世纪50年代初期还爆发了一场战争。韩国渐渐挣脱出困境，但上百万人还是失去了生命，幸存者生活在极度贫困之中。许多人流离失所，需要在山野中觅食果腹。1961年，名叫朴正熙（Park Chung-hee，1917—1979）的军官掌控了局势，并开启了韩国本国的大推进，目标是实现国家的工业化。朴正熙通过财阀集团实施韩国的推进计划，财阀（chaebols）是指那些和政府保持密切联系的大企业，政府指示财阀进入具体的行业，并向它们提供优惠的贷款。最初，这些财阀会在面对国外竞争者时得到保护，不过政府要求它们要具备竞争力，并最终出口自己的产品。

韩国的经济起飞了。在发展钢铁、汽车和造船业之前，国家发展了自己的纺织业及制衣业。20世纪50年代，朝鲜的经济实力更强，但是不久之后，韩国就超越了，并且将其他一些发展中国家甩在身后。朴正熙上台后几十年，韩国的经济规模已经是当初的数十倍。韩国的两大财阀，电子企业三星和汽车制造商现代成了欧美家喻户晓的品牌。今天的韩国享受着发达国家的生活标准，人们将朴正熙的功绩称为"汉江奇迹"。韩国的成功之处在于政府能够让新兴行业保持活力。当企业家获得优惠贷款的同时，他们能够保证企业的良好运转。对于那些在海外市场丧失竞争力的企业，朴正熙会取消对它们的贷款支持。还有一些亚洲国家和地区，比如新加坡、中国台湾和中国香港，也在战后崛起了。这些国家和地区取得的优异成绩令它们获得了"亚洲四小龙"的美誉。

不幸的是，在另外一些国家，政府对经济事务的参与造成比发展停滞更为不良的后果。扎伊尔（现在的刚果民主共和国）的领导人蒙博托·塞塞·塞科（Mobutu Sese Seko，1930—1997）从国库中窃取了上百万美元，为自己建造了许多宫殿，他还乘坐豪华巨型游艇巡游扎伊尔河（刚果河），船舱中配备着粉红色丝绸质地的牡蛎型沙发。与此同时，他的国民忍受着饥饿，街道残破不堪。一些经济学家开始反对大推进，20世纪80年代，这些经济学家向富裕或贫穷的国家政府发出告诫，不要再继续干预经济（见本书第29章）。在贫困国家，政府开始制定实施新的自由市场的政策，譬如"私有化"，向私人变卖国有企业。这展示了一种失望之情，经济学家开始发现，对经济腾飞来讲，不存在可以任由政府选择的单一的点火开关。

23

关于所有问题的经济学

生活中的经济学

如果拥有一家店铺，工作的时候你的脑海里一定在不停地计算：鸡蛋的存货足够吗？要不要多买一个装冷饮的冰箱？再雇一名店员是否划算？为了获得最佳赢利，你整日都在计算销售和成本。当一天结束，店门关闭，你回到家里准备晚餐，打扫房间时，你或许可以让自己不停转动的脑子休息一下。但是，难道家庭生活，比如做饭、清洁和陪孩子玩耍，这些事情和商业与经济就没有关系吗？一些社会科学

家研究生活中的非经济层面，即生活的社会层面。人类学家着眼于人们的习俗和文化，社会学家着眼于最广泛的社会运转。人类学家和社会学家研究婚姻和家庭这样的主题，以及更为阴暗的犯罪和种族问题。经济学家不同于此，你或许会认为，他们仅仅探究有关工业和企业、价格和利润的经济主题。

　　20世纪50年代，加里·贝克尔（Gary Becker，1930—2014）打通了"经济"和"社会"的分野。他是芝加哥大学一位杰出的经济学家。芝加哥大学的经济系因为过于著名，以至于人们称其为"芝加哥学派"（Chicago school）。芝加哥学派的理念是：市场和价格是社会运作的基础。贝克尔在此基础上更进一步。贝克尔认为，店主上班时会计算成本和收益，以获取最多利润；在家时，他们同样会计算成本和收益。家长在家时，要求孩子关上电视去做作业，是因为努力做作业的孩子在成年后才能挣更多的钱，而未来收入更好的孩子才更有能力赡养自己年迈的父母。实际上，贝克尔在所有的问题上都看到了经济的计算。贝克尔曾经有一门课就叫"看待生活的经济学视角"，他认为经济学基本上可以用来理解生活的方方面面。

　　一天下午，贝克尔参加的一次重要会议马上就要迟到了。如果将自己的汽车停在指定的停车位，他肯定会错过会议的开场，将汽车违规停在街边是更快的办法。他注意到自己正在权衡两种不同选择的成本和收益。如果将车停在街边，他能够赶上会议，但那面临违法停车的罚款风险。对他来说，违法停车的成本是罚款的数额以及被查的概率。他认为，相比及时参加会议的收益，这个成本更低，因此他决定将车停在街边。他的违法行为就是一次经济计算。

这件事启发了贝克尔有关犯罪的经济学理论。他不认同不法分子和守法公民有所不同的观点，这种观点认为，人们会犯罪是因为他们心智有问题或者遭受了他人的虐待，因此这些人在某种程度上是环境的受害者。贝克尔认为，犯罪的人和其他普通人没有多大区别。他们并不一定就是邪恶、病态或者野蛮的，他们是有逻辑、懂算计的人。贝克尔不否认造成犯罪的原因是复杂的，但是他的着眼点在成本和收益之上，正如一名店主所做的那样，在预防犯罪领域同样应该将这一理论纳入考虑范围。举例来说，停车场管理者可以通过仅仅要求罚款来减少开支，而不是花更多钱派交通管理人员找到肇事车辆，试图抓捕违法的人。反过来说，驾驶员有逻辑地计算，高额罚款加上被查的低概率和小额罚款加上被查的高概率其实没有区别。最好的阻止犯罪的方法是让这件事变得没有收益可言。对违法停车来说，就是更高的罚款；对盗窃来说，就是更长的刑期。

贝克尔用标准的经济原理去分析各种人类行为。其中一个例子是，人类拥有一套清晰的不轻易改变的偏好：今天你喜欢摇滚乐甚于爵士乐，那么有很大的可能性下周你依然如此。另一个例子是，人总是讲道理的：他们计算能够最大限度满足自己偏好的行动，他们根据自己拥有的金钱和商品的价格来做最有利于自己的选择。这意味着权衡（trade-offs）无处不在。店主在开一家新店的成本和收益之间进行比较，偷车贼会比较一辆奔驰车的价值和偷车被捕入狱的风险。

还是一名学生的时候，贝克尔就用这套经济原理来分析种族主义的问题。这令他身边的人感到震惊，难道种族主义不是有关人们的态度和社会不公的问题吗？这应该是社会学家的课题啊！经济学怎么跑到这块领地去了？但贝克尔确信经济学可以解释其中大部分的问题。

在20世纪50年代，美国的黑人在就业和薪资领域遭受了严重的歧视。贝克尔将一名种族主义雇主对黑人的歧视视为一种偏好。如果你喜欢摇滚乐甚于爵士乐，那么相比摇滚乐来说，你更不喜欢爵士乐，因此你也不打算为爵士乐专辑支付和摇滚乐专辑一样的金钱。同理，有种族主义倾向的店主不愿意在同一个岗位上为黑人支付和白人一样的薪水。假设黑人雇员为了获得工作，当他面对一名具有种族主义倾向的雇主时，必须接受比同一工作的白人雇员少拿50美元的薪水。贝克尔将这50美元叫作"歧视系数"（discrimination coefficient）。具有种族主义倾向的店主愿意为白人员工多支付50美元。因此，他们比那些没有种族主义倾向的店主为同等能力的员工支付的薪水要更多。一般人认为，白人对黑人的歧视会导致黑人更穷，白人更富。但是贝克尔告诉我们，种族主义者也是输家。

同样，犹太人在雇用问题上也受到歧视。不过他们在总人口当中所占比例较小，因此受到的影响有限，因为他们可以确保自己只受雇于不歧视犹太人的雇主。在美国，黑人的人口比例较大，因此并不是所有黑人都可以找到不歧视黑人的雇主。许多黑人别无选择，只能为具有种族主义倾向的雇主工作。根据贝克尔的理论，尽管那些具有种族主义倾向的雇主对犹太人的歧视一点都不比对黑人的少，黑人的平均薪水还是比犹太人要低。被歧视的群体越庞大，导致的结果就是更多的成员会以更低的薪水为具有种族主义倾向的雇主工作，这些雇主会向自己更偏好的种族雇员支付更高的薪水。贝克尔说，这就是为什么黑人人口占据多数的南非会出现种族隔离制度。这种制度，从经济的角度来看是不划算的，同样也是不道德的。

贝克尔将经济学应用到生活其他方面，比如婚姻、家庭、养育孩子。家庭里虽然没有买卖，但是贝克尔相信经济原理同样适用。

一个家庭就是一座小型工厂，其中面粉、蔬菜、烹饪技术这些投入用于得到产出：餐桌上的一餐饭。在经济学家看来，尽管在商店里可以轻易购买到，但面粉和蔬菜仍然是稀缺的，因为它们的总数是有限的。因此，每个人能够拥有多少也是有限的。家庭生产的一个至关重要的投入是时间，这同样也是稀缺的。一些家庭产出需要大量的时间，贝克尔称为"时间密集型"（time-intensive）商品。待在家中看《星球大战》三部曲就属于时间密集型商品，因为你要花费大量时间在这件事情上。这件事情的主要成本不是电费和爆米花的金钱开支，而是你本可以用这些时间去做的事情——比如拜访朋友——所谓的机会成本。对那些高收入的人来说，欣赏《星球大战》三部曲的机会成本很高，因为选择看电视而不是工作，对他们来说就是选择放弃大量收入。

在决定生育孩子的问题上，贝克尔也应用了时间强度的概念。他说，孩子像是你所购买的一件商品。当你购买一辆汽车的时候，你有所支出，并在其后的时间里不断获益。养育孩子同样如此。（当贝克尔第一次在会议上将汽车和孩子相提并论的时候，听众嘲笑了他。）孩子是时间密集型商品，因为家长要消耗大量的时间去照看他们。因此抚养孩子的成本就像是用一整个下午看电影，放弃你待在家中照看他们时少挣的薪水。因此，收入越高，养育孩子的成本就越高。通常被放弃的收入就是女性放弃工作时的收入，因此在20世纪，当越来越多的女性出门工作的同时，养育孩子的成本也在上升。其结果就是，女性愿意生育的孩子越来越少。

19世纪，经济学家阿尔弗雷德·马歇尔将经济学描述为"无关具体的事实，而是发现具体事实的工具"。这种观点将经济学视为分析的方法、合理原理的应用以及对你所偏好的局面的选择。对贝克尔来说，经济学更像是一种"工具"，而非一件"东西"。它未必一定要关乎"经济"——人和企业对产品的生产和消费。它可以关乎生活的诸多领域，包括犯罪和养育孩子，这类事情通常被认为与经济学家无关。跟随贝克尔的脚步，经济学家分析了法律系统、恐怖主义，甚至刷牙和日本相扑！许多经济学家认为这是一种非常积极的发展。经济学方法的力量在于，它是多面的，并且适用于各个方面。对于解释人类的各种行为，这是一种非常有力的方式。

但还有一些人认为，经济学过度延伸了。当经济学家投入全副精力研究如何应用手中的方法论时，他们忽视了对经济学本身的钻研，忽视了经济学的日常运作，忽视了经济学的发展过程。（如果你在大学里学习经济学，你会花很多时间学习如何应用理性和选择的原理，而不是学习譬如美国或日本的经济的真实运作情况。）由此产生了一个问题，那就是经济学的方法到底有多有效？我们会看到经济学家托尔施泰因·凡勃伦拒绝了经济学家关于理性和选择的标准理论。类似凡勃伦的非传统经济学家认为，经济学应该包括更丰富的人类行为模式，超越对成本和收益的计算。现在许多经济学家都相信，店主管理库存的行为是不理性的，更不要说在家中烹饪（见本书第36章）。

尽管如此，贝克尔的许多观点已经变得如此具有影响力，以至于我们忘记了它们最初曾引起巨大争议。今天的经济学家不断谈论"人力资本"（human capital），这个观点认为，人像机器一样为生产活动做出贡献，而人可以通过教育提升自己的人力资本和职业前景。当贝克尔提出这一观点的时候，许多人是愤怒的。今天，学生在大学掌握技能以获得更高薪工作的理念早已深入人心，毋庸置疑。

24

成 长

经济增长理论

当你还是孩童时，父母或许每年都会在你生日那天在墙上刻下你的身高，看看你长高了多少。当刻度升高的时候，你会感到骄傲，因为你的身高更高了，你又长大了，可以做比原来更多的事情了。如果你有弟弟或者妹妹，他们的刻度原本或许远远在你的刻度之下，但随着岁月的流逝也渐渐追赶了上来。经济学家思考经济的方式也是如此。不同的经济体就像是渐渐长大的人：往往是那些"年轻的"增长得更快，追赶旧的经济体。

和孩子一样，当一个经济体增长后，它的能力范围也扩展了：人们可以消费的产品更多，更多的资源可以用于道路和医院的建造，用于抗击疾病。从某些方面看，经济体如何以及为何增长，是经济学的核心问题。一个经济体增长的同时也能够更好地提供人们所需要的东西。因此，尽管许多到目前为止我们谈到的经济学家不使用"经济增长"这一现代表述，但是他们当中的许多人都关注这个问题。他们希望了解社会如何在时间的长河里变得更为富裕且更加复杂。这一问题很大一部分是关于经济体如何变大，以及如何"成长"的。

第二次世界大战结束之后，经济学家开始以新的思路思考经济增长的问题。在20世纪30年代的大萧条时期，经济体的表现是负增长：经济体的产出更少，企业破产，上百万人失业。如果大萧条是一次危机，那么经济的常态则是另外一种状况：在这种情况下，一个国家利用所有的资源来进行生产，因此失业率很低，闲置的工厂也很少。假以时日，经济体实现了增长，其生产能力提升了，社会也更加富有。在各种危机之间，这是常态。直到第一次世界大战爆发，世界上的主要先进国家的发展都很稳定，基本没有遇到什么波折。然而，第二次世界大战结束之后，经济增长的新时期来临了。

美国经济学家罗伯特·索洛（Robert Solow，1924—　）是如今少数经历了战后经济增长和此前大萧条的人。在第二次世界大战结束后，他离开军营，回到哈佛大学继续自己社会学和人类学的课业。

因心血来潮，同时也因妻子的建议，他转向了经济学。这个建议的效果不错。索洛利用数学和统计学对原有的经济学问题进行了现代化的转换。随着时间的推移，提升人们生活品质的经济增长的动力是什么？为什么一些国家比另一些国家增长得更快？

索洛与同时期另一位如今被忽视的澳大利亚经济学家特雷弗·斯旺（Trevor Swan，1918—1989）提出了一个理论，用来解释正常状态下，当经济体的全部资源被用来生产产品时，经济如何增长。他们要求我们设想一个简化的世界，在那里，商品通过使用资金（设备和工厂）和劳动力来生产：少量挖掘机和上百带着铁铲的工人挖掘火车隧道，或者也可以用大量挖掘机和少数驾驶员来完成同样的工作。富裕的国家相比自身的人口拥有大量的资金，这意味着这些国家里每个人的产出更高。人均产出可以很好地衡量一个社会的富裕程度。一个由10个人组成并生产价值100英镑的商品的社会，其富裕程度是生产同样价值产品但人口为20人的社会的两倍。10个人构成的社会能够为每个人平均提供双倍的商品：它的人民的生活水准比20人的社会的更高。索洛的理论可以用于解释人均收入的增长。

举例来说，如果你投资更多的钱购买新的面包炉，你就增加了经济体的产出，因为可以生产更多的面包。根据索洛的理论，当你向同样数量的工人投入更多资本时，你能够获取的额外产出会越来越少。这一效果被称为"资本收益递减"（diminishing returns to capital）。比如我们可以想象，某个国家只有有限的面包炉，每投资一个新的面包炉都会大大增加面包店的产出，而当越来越多的面包炉建造起来以后，也就越来越难找到人去操作它们。因此，第100个面包炉就只能带来远远少于第10个面包炉所能够增加的产出。

资本收益递减意味着，当一个经济体增加资本储备并增加生产时，其增长率会逐渐减少。最终，来自额外资本的收益会耗尽。如果资本是唯一创造经济增长的因素，那么经济会在人均收入不再增长的位置停滞。实际上，从长期来看，还是有实现人均收入增长的因素——技术的进步。从经济的角度来看，技术是让投入变成产出的处方，例如将布料、毛线和金属变成牛仔裤。其秘诀是知识：如何剪裁布料，如何缝纫，等等。当人们发明出更有效的缝纫技术后，这个知识就会进步，牛仔裤的制造也就更简单。经济体就变得更加"多产"。技术进步允许以一国所拥有的资本和人力实现更多的产出，同样也可以生产出新的商品。当文字的载体从石碑转移到羊皮纸，从羊皮纸转移到现代纸张，再从现代纸张转移到数码产品之上时，社会便实现了进步。索洛认为，社会更高的生产率来源于技术进步，这才是增长真正的引擎。

索洛的理论是乐观的。这种理论认为贫困国家的人其生活水准会逐渐赶上富裕国家，正如更小的孩子最终能在身高上赶上年长的人一样。拥有较少资本的贫困国家，其发展速度会快于坐拥大量资金的富裕国家，因为富裕国家从资本中获取的收益大部分已经耗尽。正因为贫困国家的发展速度更快，所以这些国家的生活水准就会逐渐赶上来。不论是贫困国家还是富裕国家，它们的发展都会在一个地方停滞下来，到那时，唯一的发展动力是技术进步。一个国家离这个状态越远，它向这个方向前进的速度越快。

第二次世界大战结束之后，美国是世界上经济最发达的国家。如同索洛所说，欧洲追赶着美国。欧洲国家利用晶体管、电脑这样的新技术，还建造了美国式的大型自动化工厂。在战争末期，欧洲的人均收入不到美国人均收入的一半，但是到了20世纪70年代中期，就已经接近美国的四分之三。除了欧洲，日本也取得了巨大的进步。

稳定的进步延续了数十年，大萧条也没有再次降临。经济学家将这段时间视为增长和提升生活质量的黄金时代。在20世纪50年代早期，只有20%的法国家庭拥有自己的汽车，但是到了20世纪70年代早期，这个比例已经上升到60%。电冰箱和电视机在战后的法国是稀罕货，但很快就普及了。而且，人们的收入提高的同时，他们的劳动时间反而在减少。而英国，尽管已经不再是经济的领头羊，它的欧洲邻国取代了这个位置，但其经济也还在增长。公休日看电影消遣成为常态。1963年，在一部名为《热情暑假》的英国热门电影中，一群机修工在午餐时借到一辆面包车，驾车驶往南方，并最终抵达希腊的海滩。此后许多年，不仅是有钱人，机修工和巴士司机都向往着艳阳照耀下的夏日假期。1957年，英国首相哈罗德·麦克米伦察觉到了这一点："我们的大部分国民从来没有这么好过。到全国去看看……你能看到一个繁荣的国度，我们从来没有过得这样好，在我国的历史上也前所未有。"

　　然而，这只是一部分人的黄金时代。欧洲取得了成功，但世界大部分地区还处在贫困当中。只有少数国家，比如韩国，如索洛的理论设想的那样迎头赶上，亚洲和非洲的大部分国家还落在后面。在索洛之前，经济学家认为贫困国家走向富裕的办法是建设大量的工厂、道路和港口。在之前的章节里，我们看到了发展中国家是如何试图做到这一点的。索洛告诉我们，投资更多的资本——工厂和设备——最好的情况下也只能在一段时间内推动增长，想要获得长期增长，经济体需要更好的技术。但是索洛的理论并没有解释新技术究竟来自何方。这令技术变成"外生的"：来自经济体的外部，因此无法控制，就如同阳光滋养花圃一样。这个理论还假设，技术能够向所有的经济体平等开放，无论是马拉维还是瑞士。当马拉维利用了新技术时，这个国家就会变得更接近瑞士。但是，实际上存在着各式各样的阻碍贫困国家采用最新技术的屏障。这个国家可能缺乏正确使用新技术的能力，或者在商业中并不合算。

　　更重要的是，技术并非外生的：技术由一个社会的发明家和工程师所创造。20世纪90年代，美国的经济学家保罗·罗默（Paul Romer，1955—　）开创了新的增长理论，这个理论认为，技术是"内生的"——在经济体内部被创造出来。在罗默看来，技术进步与阳光日照并不相同。人们之所以会发明更好的汽车引擎，是因为他们能够从引擎销售中赢利。技术是特别的，因为一旦发明之后，就可以一遍又一遍地使用。一家航空公司花钱研究某种金属的熔点，是为了将这种技术应用在更轻的机翼的制造中，最终也是为了销售飞机并赢利。而这项技术可以让厨具制造商用来生产更好的炉具，并且厨具制造商无须再支付这项技术的研究费用。这一特性令技术与大部分人购买和销售的东西不同，经济学家将其称为"非竞争性"商品。拿钻机来做比较：当你用钻头的时候，我就不能用，而且钻头损耗后需要替换。而有关金属熔点的知识一旦被发现了，就永远在那里了，新的发现不断增加，我们的知识储备就能无限地扩大。

鉴于技术的非竞争性，以及技术可以不断扩充，因此它可以带来更多的财富。但是这里有一个问题，由于新想法的收益不能全部归它最初的创造者所有，那么，从经济整体的最佳利益来看，研究和开发就会大大地不足（我们在本书第14章讨论了庇古教授的市场失灵，这就是一个例子）。罗默有关技术和增长的理论认为，政府可以通过资助研究和开发来发挥作用，从而带来相比单独的私有市场来说更多的创新。

索洛理论里认为发展会减速的地方，罗默却认为发展还会继续，因为新的知识会扩散到整个经济体。这意味着，那些善于创新知识的大体量经济体能够在不减速的状态下继续增长，而那些小体量的经济体并不能自动地追赶上来。不幸的是，这已经变成许多世界上最贫苦国家的真实命运，其结果是这些国家最终无法为其国民提供足够的食品、教育和居住资源。这就是为什么发展的问题至关重要，以及美国经济学家罗伯特·卢卡斯（Robert Lucas，1937—　）曾说，一旦你开始思考这个问题，"就无法再思考其他问题"了。

25

甜蜜的和谐

局部均衡与一般均衡

一天的课程开始了，数学系的学生们来到15号教室，用一个小时学习分数，而上地理课的学生正在12号教室上课。下课后，另一群学生来到12号教室上历史课，还有一群学生去3号教室上英语课，进进出出，每天如此。这些学生是如何知道自己应该前往哪间教室的呢？当然是因为有人提前做了准备，制定了课程表。如果课程表不管用，事情就会一团糟：老师要上法语课，可学生正要学物理，不同课程的学生挤

到了同一间教室里。如果课程表管用，那么每一天的课业都是和谐的。

课程表将目标不同的人协调在一起，即学习不同科目的学生。制定课程表的人需要将所有的课程按照给定的教室数目和教师数量进行匹配。经济体本身就是一个巨大的协调的问题。你现在想要一副新耳机，你的朋友想要电脑游戏，而我想要喝杯咖啡。到处有人提出奇奇怪怪的要求，就像是肉丸口味的口香糖（没错，这东西真的存在），他们的要求我们恐怕永远都不会提。如果你和朋友一起上街，会遇到销售耳机和电脑游戏的商店，如果我现在停下笔出门散步，肯定也能找到卖咖啡的地方，就连那些想要肉丸味口香糖的人肯定也能找对地方。

在经济学上，与学生到正确的教室上课类似的情况是公司按照人们的需求生产正确数量的各类产品：当人们总共需要100万副耳机的时候，耳机生产商就生产了100万副；咖啡和电脑游戏的供应商也是如此。那么，是谁来为经济体制定"时间表"呢？是谁告诉耳机生产商，需求是100万副呢？在资本主义经济体中，没有人做这件事。实际上，我们已经太过习惯于此，甚至已经对这件事熟视无睹。通常只有在出现差错的时候才能意识到，即当一家电脑配件制造商停产，而你想要购买的笔记本电脑显示缺货的时候。就在我们眼皮底下，一件非常奇妙的事情每周都在发生——大多数时间，经济体良好地运转，没有时间表！为什么没有常常发生混乱？

20世纪50年代，由美国经济学家肯尼斯·阿罗（Kenneth Arrow，1921—2017）和美籍法裔经济学家热拉尔·德布勒（Gerard

Debreu，1921—2004）带领的一个团队试图回答这个问题。19世纪，阿尔弗雷德·马歇尔的市场完备基本理论研究单个市场的供给和需求。耳机的供给和需求有赖于耳机的价格，石油的供给和需求也同样如此。当石油的需求大于供给时，石油的价格会上涨，鼓励人们减少需求，而石油公司增加供应。最终，供给和需求会回到平衡状态，实现"均衡"。在均衡状态下，石油的价格处在生产商供应等于购买者总需求的水平。如果供给和需求是一架跷跷板的两端，均衡状态就是跷跷板恰好平衡并且保持静止的时刻。

其中的问题是，石油的价格影响的不仅是石油市场。阿罗指出，当得克萨斯州和波斯湾发现新油田，油价降低时，其影响是方方面面的。人们开始用石油取暖，而不是煤炭，这导致矿场的雇用人数下降。炼油厂的规模越来越大，刺激了对钢铁的需求。便宜的油价鼓励人们购买汽车，这导致铁路运输的衰退。就这样，一个市场的变动，在许多市场里引起了涟漪。马歇尔的需求和供给是"局部均衡"（partial equilibrium）的理论：忽略了那些涟漪。

捕捉这些涟漪是困难的。在局部均衡的理论框架里，我们将石油市场的运动视为跷跷板，只取决于石油的价格。我们怎样才能够将不同市场之间的相互作用纳入考察范围呢？想象一下，将石油市场的跷跷板和汽车市场的跷跷板连接在一起，每一个跷跷板都连着几十个其他的跷跷板，甚至上百个。

"一般均衡"（general equilibrium）是研究那些跷跷板连接

运动的理论。这一理论始于19世纪法国经济学家莱昂·瓦尔拉斯。单一市场的均衡可以简单地写成一个方程式：供给=需求。在瓦尔拉斯的理论里，石油的供给和需求有赖于经济体中所有商品的价格，包括耳机、咖啡等所有商品的供给和需求。如果一共有100万种商品，那么你会得到100万个方程式，每一个方程式形成的依据是100万种价格。当每一个单一市场的供给等于需求的时候，所有的跷跷板都不再摆动。在瓦尔拉斯的数学表述中，只有当所有的方程式同时成立的时刻，这才可能发生。瓦尔拉斯并没有找到这个数学问题的答案，然而阿罗和德布勒找到了。

20世纪40年代，当阿罗和德布勒学习经济学的时候，这还不是一个那么数学化的问题。随便翻开一本当时的经济学书籍，你会发现，当中的内容主要都是用文字表述的。阿罗和德布勒，两人都是从数学家转行过来的经济学家。到了20世纪50年代，他们都在芝加哥大学的一所名为考尔斯委员会的研究机构供职，该机构后来成了数理经济学的阵地。他们的表述中有大量的数学符号（实际上，今天的经济学家基本都是这样的）。在那个时代，阿罗获得了一个奖项，他上台领奖前，一位同事建议他如此为自己的致辞开场："符号辜负了我"（Symbols fail me）。

阿罗和德布勒从假设人的行为着手，然后利用严谨的数学推理，论证其经济上的意义。其中一些假设人是"理性的"，或者始终坚持自己的选择。譬如，如果与梨相比你更喜欢香蕉，与桃子相比你更喜欢梨，那么你一定喜欢香蕉超过桃子。他们发现，当人们的偏好是理性的时，一个经济体当中的各类市场就可能趋于平静。用经济学家的术语来说就是，一般均衡是存在的。这一发现非常重要，因为如果均衡不能实现，那么就不存在一套通过经纪公司的运作让所有人都满足的价格。数学化的表述就是，经济体"无法自洽"（inconsistent），那么，相互连接的跷跷板就无法停止摆动。它们会撞击地面，彼此碰撞，彼此纠缠，导致的结果就是混乱。

　　不过，市场是否有效这个问题不仅有关市场是否"自洽"。想象一下，如果我们知道经济体正处在均衡状态中，除了描述这一状态，经济学家还想知道，这种状态在满足社会整体需求上的效果如何。假设，某个早晨我们都去超市买了一袋水果回家，我买了一堆梨，而你买了一堆香蕉，这算是一件好事吗？20世纪初，一位意大利经济学家维尔弗雷多·帕累托（Vilfredo Pareto，1848—1923）设计了一个判断的方法。他说，如果能够在不减少一个人的福利的情况下，增加另一个人的福利，那么这个经济体就不是最好的，或者说是"低效的"（inefficient）。假设我有4个梨，你有4根香蕉，你对梨和香蕉的偏好相同，但是我对香蕉的偏好是梨的两倍。如果我们把手中的梨和香蕉交换，那么我就比原来好了一倍，而你还和原来一样。这就是所谓的"帕累托改进"（Pareto improvement）。如果我们没有进行交换，经济体的资源就没有得到最优化配置：香蕉原本可以用来增加我的幸福，但却没有。因此，在某种程度上来说，香蕉被浪费了。经济上的"帕累托最优"（Pareto efficient）就是指所有的交换都完成了。一旦实现了帕累托最优，就不可能在增加自身福利的情况下，不损害其他人的福利。这个意思就是说，经济体内不应该包含"被浪费"的资源，比如你喜欢的香蕉。

阿罗和德布勒证实了，如果经济体存在一般均衡，那么一定是实现了帕累托最优的，这是经济学的宝贵的结论。经济学家为它取了一个特别的名字——"第一福利定理"（first welfare theorem）。它的意思是，当经济体处于一般均衡时，就不会有你喜欢的香蕉那样被浪费的资源。而均衡状态下的价格就是，我可以卖掉我的梨，并且用这笔钱购买香蕉，而你可以卖掉你的香蕉，并用这笔钱购买梨。实际上，上百万的商品都是这样交换的。一旦交易达成，没有人可以获得任何进一步的福利，因为不再存在被浪费的资源。因此，阿罗和德布勒证明了，尽管没有人组织，但是经济体中的各种市场就好像是管理良好的学校。其结果是和谐的——人们的欲望获得了平衡，没有什么被浪费。

不过，请当心，不要被这些话撩拨得太激动。这首先是因为，帕累托最优是有关社会福利的极限概念，它的作用是排除资源被浪费的情况。不过，帕累托最优还是引发了很多种结果。其中一个是，如果一个富人拥有所有商品，而其他人什么都没有，那么将富人手中的商品转移到其他人手中，会使其他人变得富有，但是会减少富人的财富。尽管我们认为应该如此，但这甚至不会形成帕累托改进。虽然是最优的，但市场导致的结果可能非常不公平。

其次，阿罗和德布勒理论的假想基础和现实世界当中市场真实运行的方式相去甚远。他们要求的市场是竞争性的，买卖双方都不能单独地影响价格。但是在实践中，有些强大的企业往往因为"经济规模"而影响市场价格。譬如，一家飞机厂商在制造飞机之前必须为昂贵的设备投资。生产的飞机越多，最初投资的巨额成本就会分摊在更多数量的飞机之上。这样的企业往往会扩张，直到获取较大的市场份额。到那时，市场就不再具有充分的竞争性，而第一福利定理也不再适用。但当一个人的消费或生产不是以价格的方式影响其他人的消费和生产的时候，这种情况不会发生，比如，发电厂造成的污染减少了附近农场的收成。

阿罗和德布勒对一个古老的经济学问题进行了现代化的转换：为什么上百万人各司其职，就可以让经济体趋于和谐？亚当·斯密称为"看不见的手"，一些经济学家也将第一福利定理视为对斯密的观点的佐证。但是，由于用以证明该定理的假设和现实差距较大，你也可以这么理解该定理——在实践中，市场总是无法实现最优。或许正因为如此，才需要政府的介入，帮助提升经济体的效率。比如，有时候政府会打破垄断，让市场变得更具竞争性；或者向污染征税，以更好地反映全社会对清洁空气的渴望。不过，在高等数学的领域之外，一般均衡理论传递了一个基本且重要的信息：孤立地审视一个市场或许是危险的，一个市场的改变可以引发其他市场的变化。按照经济学的说法，所有事物都是相互关联的。

26

分成两半的世界
富裕国家与贫困国家

　　1956年11月，82个人乘着一艘旧船从墨西哥出发，这艘船的核载只有20人，船上满载着食物、步枪和反坦克火炮。船员们严重晕船，船舱漏水，还有一个人从船上掉到了海中，但七天后他们还是抵达了古巴。船上有两个年轻人，他们未来将投身于20世纪最著名的革命当中。菲德尔·卡斯特罗（Fidel Castro，1926—2016）是这些人的领袖，之前尝试过推翻古巴政府。船上的医生是一个阿根廷人，名叫切·格瓦拉（Che Guevara，1928—1967），他在学生时代就骑摩托车周游拉美，而一路上所见的贫困和苦难激起了他的怒火。

格瓦拉和卡斯特罗都敌视古巴政府。他们认为，这个政府对穷人漠不关心，任由孩子们赤脚走路，无学可上。相反，古巴政府更重视那些在古巴赚钱的美国公司以及那些在哈瓦那赌场里挥霍享乐的富商。格瓦拉和卡斯特罗想要改变这一切，这正是他们踏上危险的海上之旅的原因。他们的船停在一大片沼泽上，在那里，他们中的许多人被古巴军队杀害。格瓦拉、卡斯特罗和其他少数人逃进了山区，并在那里开始了对政府的战争。

格瓦拉和卡斯特罗都相信，古巴以及其他拉美国家的贫困是由富裕国家的贪婪引起的，尤其以美国为甚。他们说，有钱的国家"剥削"穷国。想想看，卡尔·马克思是怎么说资本家剥削工人的？资本家让工人从事长时间的艰苦劳动，并且将大部分的劳动所得据为己有。"剥削"这个词意味着不平等和错误。不过，这个概念是如何适用于国家的呢？像美国这样由上百万工人和企业组成的国家，是如何剥削古巴这样的穷国的呢？

经济学家安德烈·贡德·弗兰克（Andre Gunder Frank，1929—2005）提出了一个解释该问题的理论。弗兰克出生在德国，20世纪60年代定居拉美。在前往南方之前，他在自由市场经济学的重镇芝加哥大学获得了博士头衔。对弗兰克的老师来说，马克思的观点既危险又不正确，甚至连翻看马克思的书都是错的。整个有关剥削的概念，不论是在雇主和工人，还是在不同国家之间，都毫无道理可言。（当工人接受工作时候，他是自愿接受雇主所提供的工资的，因此这里不存在谁剥削谁的问题。）但是，弗兰克无法认同他的老师。如同格瓦拉，他说自己人生真正的教育是从旅途中所获的，他曾经搭车走遍了美国上千公里的道路。此后，他还周游了拉美的许多国家，宣传自己的理论，并为那些即将掌权的激进派领导人出谋划策。

标准经济学认为，与富裕国家的贸易往来会帮助贫困国家变得富裕。弗兰克的思路恰恰相反：贸易损害了穷国的利益。弗兰克说，这是因为贫困国家出口商品（譬如香蕉和咖啡）的利润并不会进入真正的经济发展当中，比如建造新的学校或者工厂。实际情况是，贫困国家的经济被大型外国公司所控制。例如在古巴，这些公司拥有全国四分之三的耕地。外国公司经营着种植园和矿场，并从贸易中获取利润。一些本地人确实变得更为富有，像是有势力的地主以及少数为外国公司打工的幸运儿，他们在进口汽车和服饰上大把挥霍。

弗兰克将这些外国企业视为15至16世纪登陆南美的欧洲探险者的现代翻版，探险者们洗劫了那里，将大量金银带回欧洲。现代版征服者的代表之一就是美国的联合果品公司，该公司在20世纪初期经营着纵横拉美的商业帝国。这个公司在自己的香蕉种植园边上建造了完整的城镇，以及运输水果的铁路，甚至还拥有自己的警察队伍。由于该公司剥削工人，掌控政府官员，拉美报纸将其称作"章鱼"。1928年，该公司在哥伦比亚的工人罢工，他们遭到了军队的枪击。该公司的触角无处不在，它榨取拉美大陆的财富，并奴役那里的人民。

弗兰克认为，随着时间的流逝，富裕国家和贫困国家的差距会越拉越大，而不是渐渐缩小。世界资本主义分成了两个部分，位于核心位置的是欧洲、北美洲的富裕国家，而位于边缘位置的是拉丁美洲、亚洲和非洲的贫困国家，核心的胜利以边缘的牺牲为代价。因此，贫困国家的命运——变得更加贫困——"依附于"富裕国家让自己变得更加富裕的努力。弗兰克以"依附理论"（dependency theory）观点为人所知。相对于传统经济学有关发展和进步的教条观点，弗兰克认为世界资本主义的情况正好相反。他以一篇论文的名字来命名自己的理论——"不发达的发展"（The Development of Underdevelopment）。

　　一名阿根廷经济学家劳尔·普雷维什（Roal Prebisch，1901—1986）对于贫困国家的贸易陷阱提出了另一种理论，解释了富裕国家如何最终控制了贫困国家。普雷维什后来成为阿根廷中央银行行长，随后又成为联合国的重要官员。普雷维什虽然不像弗兰克那样激进，但是他的观点依然与传统的经济学不同。他的观点主要涉及贫困国家可销售商品的价格问题。传统的贸易观点以19世纪英国经济学家大卫·李嘉图的理论为基础。李嘉图认为，如果国家能够在商品生产上实现专业化，那么它们在制造（换句话说，这是它们的比较优势）以及与其他国家的贸易上就能做得更好，而且所有的国家都可以从中获益。如果古巴发现自己相比生产汽车更容易生产糖，那么古巴应该向美国出售糖，并从美国购买汽车。自由贸易会帮助古巴这样的贫困国家逐渐接近富裕国家的生活水平，这也是该理论的出发点。

普雷维什认为这是错的。像古巴这样贫困的国家倾向于出口初级产品，如糖、咖啡和香蕉。但是富裕的国家倾向于出口加工产品，如电视机、汽车。当人们收入提高时，他们会为购买电视机和汽车多花钱，但是他们基本不会为糖和咖啡多花一分钱。（假设你的收入提高了10倍，你在汽车和珠宝上的开销可能会增加同样的倍数。但哪怕你每天都多买一杯咖啡，恐怕也不会将咖啡上的开支增加10倍。）

普雷维什认为，对贫困国家来说，这当中隐藏着令人不安的事实。当贫困国家的经济增长时，其对富裕国家汽车的需求会同样增长。但当富裕国家的经济增长时，他们对贫困国家的糖进口需求则会增长得很慢。这样发展下去的结果就是汽车的价格会比糖上涨得更快：贫困国家的"贸易条件"恶化了。因此，当贫困国家的人民需要更多汽车的时候，该国必须出口相对更多的糖才能支付，随着时间的推移，一定量的糖能买到的汽车越来越少，到最后，贫困国家的发展赶不上富裕国家的速度。高增长率会创造对汽车的高需求，但是，出口糖的收益已经不足以满足这一需求。这幅图景和19世纪经济学家的乐观展望何其迥异！看起来，富裕国家和贫困国家之间的贸易充满了陷阱，贫困国家出口低价的糖和咖啡，并且永远落后于富裕的国家。

那么贫困国家的出路在哪里呢？普雷维什说，贫困国家不应技术化，而应该多样化，也就是说要生产许多不同的商品。它们需要生产糖和咖啡，但也要生产汽车和电视机。与其用出口糖和咖啡挣来的钱购买国外的汽车，它们应该将国外汽车挡在国门之外，然后用这笔钱建造自己的汽车厂。20世纪五六十年代，拉美、非洲和亚洲的许多国家采取了这种做法（见本书第22章）。

普雷维什并不是革命者。他相信，只要有正确的经济政策，资本主义是可以帮助贫困国家的。与此相反，弗兰克就像格瓦拉和卡斯特罗一样，认为资本主义无药可救，革命是唯一的选择。人民只有掌握权力，建立社会主义社会，才能结束剥削。这也正是卡斯特罗和格瓦拉在战胜古巴政府后所尝试的。在大山深处，他们用800人战胜了古巴军队的3万人，并在1959年以胜利者的身份进入哈瓦那。卡斯特罗组建了政府，控制了那些他憎恨的外国企业。

到20世纪70年代，芝加哥的自由市场经济学家崛起了，依附理论不再受到青睐（尽管弗兰克有关剥削的观点对许多资本主义的批评家来说仍旧重要）。暴力的军事政变推翻了拉美诸国的社会主义政府。当军队在智利掌权的时候，弗兰克正好住在那里。他逃回了当初为躲避纳粹而逃离了整整40年的德国。智利回归资本主义之路由那些学成自芝加哥的智利经济学家领导，和弗兰克不同，他们继承了芝加哥老师有关自由市场的理念。这些经济学家被称为"芝加哥男孩"（Chicago boys），只剩下古巴的卡斯特罗还在坚持社会主义革命。格瓦拉在1967年被玻利维亚的军队（在美国人的协助下）处死，当时他正为下一场革命做准备。今天你还能在不少T恤衫和海报上看到格瓦拉的形象，人们也常常以昵称"切"来回忆他。他波浪形的头发还有贝雷帽成了为革命不顾一切的战士的象征。

　　反对弗兰克理论的不仅有自由市场经济学家，甚至还包括一些马克思主义者。马克思曾经说过，只有资本主义发展到较高阶段，社会才有可能跨入社会主义阶段。真正的社会主义必须建立在资本主义的基础上，拉美的贫困国家远没有达到这一标准。批评人士说，弗兰克虽然借鉴了马克思的资本主义剥削观点，但是却忘记了资本主义是通往社会主义的必经之路。

　　依附理论的主张者指出全球经济和政治体系的诸多不公平现象无疑是正确的。富裕国家往往坚持一种体系，在其中，它们可以自由地向贫困国家进行出口，但对接受贫困国家的出口往往不太情愿。另外一种不公平现象是美国对拉美各国和世界上其他一些独立国家进行的商业和政治干涉。美国支持智利那样的反社会主义的政变，因为美国和敌对的共产主义苏联争夺着影响力，而后者是社会主义政府的盟友。美国入侵了格林纳达和多米尼加共和国，向越南发动了长期战争，这些都是为了减少共产主义的影响力。

　　指出不公平的存在是一回事，但是像弗兰克那样声称这些不公平是资本主义的必然则是另一回事。亚洲国家的崛起表明贫困国家也可以在资本主义世界中变得富有。"亚洲四小龙"——韩国、新加坡、中国香港和中国台湾，都摆脱了20世纪中期的贫困，转变成为先进的工业国家或地区。如同普雷维什所建议的那样，它们都迅速地将自己的经济变得多样化，生产出船舶、汽车和电脑。而它们与富裕国家的贸易并没有损害自身的利益——贸易成了发展的杠杆。而今天，中国正在重演这一幕。

27

灌满浴缸
财政政策与货币政策

　　凯恩斯于1936年出版的《就业、利息和货币通论》是有关经济学的最有影响力的著作之一，同时也是最难懂的一本，到现在还有经济学家在争论凯恩斯的真正意图。第二次世界大战结束之后，凯恩斯的追随者令他的观点成为公认的经济学理念。其中就有美国经济学家保罗·萨缪尔森（Paul Samuelson，1915—2009）在此书出版10年之后着手进行研究。他认为这本书写得不好，措辞自负并且充满混乱；

它的分析浅显，但却充满新意。萨缪尔森的结论是："总而言之，这是一部天才之作。"萨缪尔森和另外一位美国经济学家阿尔文·汉森（Alvin Hansen，1887—1975），以及英国的约翰·希克斯（John Hicks，1904—1989）将凯恩斯烦冗拗口的作品转化为简洁的图表和方程式。这一举动成就了凯恩斯主义经济学，传授给了一代代的经济学学子，并成为第二次世界大战后许多政府做经济决策的依据。凯恩斯认为，为了避免重演20世纪30年代的大萧条，政府需要干预经济。年轻的凯恩斯主义者进入政府部门，并做出示范。

1946年，就是萨缪尔森说凯恩斯是天才的那一年，也是凯恩斯主义影响真实世界政策的里程碑式的一年。美国通过了一项新的法案，规定政府有责任保持经济增长，并且创造足够的就业岗位。另一座里程碑是20世纪60年代初约翰·肯尼迪（John Kennedy，1917—1963）总统采取了激进的凯恩斯主义经济政策。

肯尼迪曾说，只要人们更多地花钱，那些失业的人就可以重新获得工作，而经济也可以变得更加强大。他为此准备了庞大的减税计划，由林登·约翰逊（Lyndon Johnson，1908—1973）总统于1964年通过电视宣读并开始执行。减税计划让消费者每天可以多花2500万美元，约翰逊说："这些钱能够在经济中流转，相比少收的税款而言，增加的商品需求是成倍的。"简而言之，这就是凯恩斯主义经济政策的运作原理。

凯恩斯认为，储蓄如果不投资在工厂和设备上就会造成衰退。当人们更倾向于储蓄而不是消费、商人不再投资的时候，总体上的支出就会减少，经济就会停止增长。在本书第18章中，我们将支出比喻成浴缸里的水，当流出的储蓄超过流入的投资，水位就会下降，即经济就会衰退。凯恩斯说，如果人们不花钱，那么政府必须花钱。开支可以止住向下的旋涡，比如道路、医院、办公室里的盆栽，以及其他各式各样的东西。（凯恩斯曾说，就算把钞票埋到土里，也比什么都不做要强。这样，当商人雇人挖钱的时候就可以产生开支，并创造就业。）

如果政府向浴缸里注入足够的开支，就可以抵消存款流出的损失。事实上，政府行为的实质是将那些围绕在经济四周没有被充分利用的储蓄重新导回到浴缸里。这样做，政府的开支会超过税收的收入（这有点像是从银行借钱购买汽车，因此，购车人的开支超过了他们的收入）。政府会维持"预算赤字"，等经济复苏，更多人开始工作赚钱，政府从税收中的获益会更多，而赤字也会消失。

另一种方法是减税——肯尼迪的政策，这样做基本上相当于把钱直接交给消费者。即使消费者储蓄得再多，他们还是会去消费，这就可以增加经济开支。在约翰逊的电视讲话中，他设想了美元的前景，不是进入国库，而是在人们的日常消费行为中进到商铺，商铺又把这些钱付给了牛奶供货商，牛奶供货商又把这些钱付给了雇用的一位文书，文书拿这笔钱买了电影票……最初的这笔钱，不论是由减税产生的消费者手中的额外的财富，还是由政府开支所带来的，都会在经济体中流动，通过不断的新的消费创造出超出这笔钱面额的价值。这个支出效应被称为"乘数"（multiplier）：对经济的最终影响是最初增加的支出或减税的倍数。而企业很快会加大生产，并雇佣新的工人，让经济重新运转起来。

经济学家将所有关于政府开支和税收的政策称为"财政政策"（fiscal policy）。在古罗马，"fiscus"这个词指皇帝的宝库，财政政策指的是国家通过税收充实自己的国库，以及再通过开支把钱花掉。充实国库的方式是对民众的收入征税，支出的方式是购买药品、书本、坦克等物品。肯尼迪和约翰逊执行了凯恩斯主义的财政政策，并且看起来效果不错，此后经济不断发展，失业率也减少了。

另一种政策是"货币政策"（monetary policy）——一切改变货币总量或借贷利率的政策，最简单的方式就是政府印更多的钞票。凯恩斯主义对货币政策的看法以其利率理论为基础，出发点是人们拥有对自己的财产使用的选择权，人们可以选择持有不产生利息的老旧的纸币、普通票据和硬币而且不从中获得利息；或者他们可以购买债券这样的金融产品，债券是向持有者支付利息的凭证。企业或者政府会在需要获得资金的情况下向公众发行债券。当债券的利息较高时，人们不再愿意将自己的财富以现金的方式继续持有，因为那样挣不到利息——因此他们会选择购买债券。当这种情况出现的时候，我们会说货币需求较低。与此相反，当利率的水平较低，人们对货币的需求就较高。假设政府印制了更多的钞票（增加货币供应量），对持有新增钞票的人来说，相比持有债券的人，利率肯定是下降的。利率的下降使得货币供应对应了货币需求。这其中很重要的一点是，低利率会影响商人的决策。当必须支付高额借贷利息的时候，建设一个固定收益的新工厂并不划算。因此，低利率会鼓励商业投资，这意味着更多的经济投入，从而意味着更高的国民收入和更多的就业岗位。

凯恩斯主义有关货币对经济影响的理论——较高的货币供给会造成较低的利率，从而促进投资，带来更高的国民收入和就业率——与之前的不同。当时的传统经济学，遭到了凯恩斯的批判，被称为"古典经济学"：以18至19世纪英国经济学家的理论为基础。古典经济学认为，货币对于经济没有"真实"的影响，比如会生产多少辆车、多少块砖头，以及多少人能有工作。如果政府将货币的供应量翻倍，那么人们购物的价格就翻倍，这就是唯一造成的结果。这就是在两个完全不同的事物之间进行比较的"古典二分法"（classical dichotomy）：经济"真实"的一面，与"货币"完全无关。凯恩斯主义经济学打破了两者间的隔断，将真实和货币两者联系在一起。经济体中的货币保有量会影响真实的事物——生产的数量以及就业岗位的数目。

不过在现实中，凯恩斯主义经济学家更倾向于财政政策，而非货币政策。这源自20世纪30年代大萧条的影响，因为那时的利率就非常低。他们想弄清楚，既然利率那么低，为什么萧条还是持续了很长时间？最后的结论是，货币和利率不会对经济的总体需求有那么巨大的影响。于是，凯恩斯主义者认为对投资发挥真正刺激作用的是商人的乐观感受（凯恩斯曾经将这种感觉称为"动物精神"），并非低利率。

被凯恩斯主义所替代的传统经济学观点认为，不论是通过财政还是货币政策，政府推动经济的努力都不会起什么作用。经济会从衰退中自寻出路，并回到"充分就业"的状态，即所有的工人和工厂都没有闲置。结果会如何呢？工资会下降，从而鼓励企业雇佣更多的工人；而商品价格也会下降，从而鼓励人们更多地购买。凯恩斯主义者并没有说古典理论完全错误，但它只适用于充分就业的状态。凯恩斯却考察了经济衰退时的情况，而不仅是充分就业时。凯恩斯说，工资和物价并不会轻易下降——因为它们得到了企业和工人的确认——因此，也不会对促进销售和帮助失业工人找到工作有太多帮助。恰恰相反，人们在衰退时会减少开销，企业也会减产和裁员。

第二次世界大战后，凯恩斯主义经济学家将上述两种理论混合在一起。如果经济处于衰退之中，工厂和工人闲置，那么政府就会增加开支或者减税，以此促进经济需求，让企业增产和增加雇员。由于失业的工人很多，因此，增加的需求可以在价格不上涨的前提下得到满足——这是凯恩斯主义经济学。很快，工厂就可以全部开工，人们得到充分就业，从长期来看，此时该轮到适用于充分就业情况的古典经济学登场。那么，如果政府这时候想要刺激需求，会发生什么？由于此时经济已经满负荷运转，因此，单纯提高价格并不能增加商品产量以及额外的需求。凯恩斯主义经济学的观点是，在我们达到充分就业的目的之前，政府出手干预是必要的。"长远来看，我们都死了"，凯恩斯如是说。

现实中，从凯恩斯主义转向古典经济学的过程是逐步的，经济不会突然出现整体的价格暴涨。新西兰经济学家威廉·菲利普斯（William Phillips，1914—1975）研究了经济运转的真实模式，并找到了更顺畅的逻辑。当失业率较高时，意味着经济体中存在着大量闲置资源，因此倾向于低通胀（通胀反映价格增加的速度）；当失业率较低时，倾向于高通胀。这两端之间有一条曲线：失业率越低，通胀越高。这条"菲利普斯曲线"（Phillips curve）成了凯恩斯主义的另一部分，并对政府的政策提供了重要指导。当经济衰退时，政府可以以通胀水平的提高为代价来增加开支、减少失业率；从另一方面来说，如果经济过热，导致通胀的高水平，那么政府可以减少支出，或者提高税收，为经济减速。

1971年，尽管美国共和党对凯恩斯主义操弄税收和支出时有警惕，但该党的理查德·尼克松总统还是说："现在我是一名凯恩斯主义者。"凯恩斯主义经济学看起来高枕无忧，尽管有所起伏，但第二次世界大战之后的几十年里，没有再出现20世纪30年代的严重衰退。经济稳定增长，改善了人们的生活水平。直到20世纪70年代，凯恩斯主义经济学失去了光环。经济学家开始质问，真的是凯恩斯主义政策带来了良好的经济表现吗？或许正是过多的政府支出才造成了高通胀，从而导致经济不稳。新的经济学派开始攻击凯恩斯主义，这件事情我们会在本书的第29章和第30章谈到。这些后来者的许多观点都符合较早之前被凯恩斯批判的旧式传统经济学。古典理论家们要反击了。

28

小丑掌权

公共选择理论

1863年11月，美国南北战争期间，亚伯拉罕·林肯（Abraham Lincoln，1809—1865）总统在宾夕法尼亚州的葛底斯堡国家公墓发表了他最有名的演说。他希望战争的血不要白流，战火熄灭后人们能够迎来新的自由：一个"民有、民治、民享的政府"。这些话让政府的目标显得极其道德，甚至具有英雄主义色彩。林肯呼吁握有大小不同权力的人，将其权力用于社会的福祉。

在林肯演说结束约100年之后，查尔斯·卓别林（Charles Chaplin，1889—1977）说："我一直是一个这样的人，并且只是这样的人——一个小丑。这样的定位使我超越了一切政治家。"难道短短几代人之后，美国的统治者就从英雄变成了小丑？或者卓别林想到了芝加哥市长威廉·黑尔·汤普森（William Hale Thompson，1869—1944）的丑态，那个被人叫作"大比尔"，并让芝加哥政坛沦为笑柄的人。他的竞选活动由黑帮赞助，他的政府丑闻不断。为了转移人们的视线，"大比尔"曾经臆想了一次南下的探险，寻找传说中的爬树鱼。这次异想天开也达到了真正的目的——让汤普森占据报纸头版。

"大比尔"辞职几年后，一位从中田纳西州立师范学院毕业的农夫的儿子正靠着挤牛奶赚取学费。很难看出，这是一个将来会获得诺贝尔奖的经济学家，但这就是多年后获奖的詹姆斯·布坎南（James Buchanan，1919—2013），他通过文字一举打破了政治家的美好形象。布坎南认为，像"大比尔"这样的政治人物所声称的服务于社会福祉是一个大大的泡沫。

在当时，这是对经济学的一个巨大挑战。第二次世界大战结束之后，布坎南开始了自己的学术道路，而当时，许多经济学家都受到凯恩斯的影响，认为政府应该在经济中发挥重要作用。特别是政府需要进行投资，阻止经济滑向衰退。经济学家还发现了政府的另一个作用：通过向富人征税、向穷人派钱，通过支付医疗和教育开支，来重新分配财富。第二次世界大战后，许多政府开始承担这些责任，进行更多投资，规模变得前所未有地庞大。经济学家没有质疑政府是否有能力执行好这些政策。一旦制定了正确的政策，他们认为政府就会愿意并且也能够将其执行。

布坎南年轻的时候相信国家有能力搞定一切，甚至一度有志于社会主义。他的家庭境况不佳：小时候，他生活在一个没有电的破败农场里，6岁的时候就要开拖拉机。即便这样，他的祖父还是在一个短命的党派里做到了田纳西州的地方长官，这个党想要挑战美国的精英阶层，比如那些最有权势的银行家。祖父留在家中密室里的一堆落满灰尘的政治小册子点燃了布坎南对社会运转原理的兴趣。但当他在芝加哥大学攻读博士学位的时候，他转变了——上了六周课以后，他认识到市场的力量，放弃了社会主义。祖父的小册子在他身上留存的影响是对精英的不满。尽管对布坎南来说，真正的精英人士不是那些富裕的厂长和银行家，他们只是出身名门，又去哈佛这样的名校镀过金的人。这些人当中的许多，后来都成了政治人物或者政府官员。站在权力的高地，这些人干预社会，为大众的福祉做出决定。

某个夏天，在结束考试之后，布坎南对精英的不满变成了一个理论。当时他在图书馆里找书，架子上一本蒙尘的书像政治小册子那样再次改变了他的生活。这本他从书架上抽出来的书用德语写成，作者是瑞典经济学家克努特·维克塞尔（Knut Wicksell，1851—1926）。这本书震撼了布坎南，他立刻决定要将其翻译成英文。简单来说，维克塞尔彻底打破了政府无私、全心全意只想着执行有利于全社会的政策的观点。

布坎南将维克塞尔的观点发展为新的经济学派。经济学家曾经设想，政府可以解决问题。但是政府是什么？布坎南说，政府其实只是一群人：官员、顾问和部长们。标准经济学的问题在于，它把这些人视为具有人格分裂的人。当寻找最有价值的一双鞋或者计算汽车报价的时候，政府官员的行动符合"理性经济人"的做法：他们会坚定地按照利益最大化、成本最小化的原则行事。当这些人进入政府大楼后，他们好像就只考虑国家的利益，而不包括他们自身的利益。他们能够不带质疑地推进正确的政策，工作的时候从不打盹，吃午餐也从不超时。这就好像那个自私的"经济人"消失了，换成了另外一个"政治人"，一个完全无私的，时时刻刻以社会利益为行为准绳的人。

布坎南说，这是自相矛盾的。政府的行为应该和商人赚钱的行为一样受到审视。和其他人一样，政治人物和政府官员都会追求自身的利益。布坎南的经济学新理论被称为"公共选择"（public choice），他将其描述为"去除浪漫的政治"。政治人物不再是无私的英雄——布坎南认为这是一种愚蠢的、浪漫化的看法。在现实中，他们更感兴趣的是维护自己的地位，相较于经济学家的想象更加卑鄙、自私和靠不住。

美国政府在20世纪60年代掀起了消费热潮，布坎南的理论对此提供了新的观察视角。布坎南说，政府的扩张主要是由于政治人物和官僚出于自身考虑采取行动的结果，而不是为了帮助市场更好地运转。政府的问题不仅在于"大比尔"愚蠢的不法行动，身穿灰西装的官员和华盛顿受人尊敬的政治领导人也一样坏。（1961年，约翰·肯尼迪当选为美国总统的时候，布坎南说肯尼迪那个富有而雄心勃勃的父亲①几乎是亲手把儿子送上总统的宝座的。）

　　布坎南认为，所有政治人物的首要期望就是保住自己的位置。为了保住权力，他们创造了"租金"（rents），并将其给予自己的支持者。租金是超越竞争市场中可能获得的利益的收入。比如说，如果政府对国外汽车征税，那么免受海外竞争的国产汽车生产商获得的利润就更多。政治人物希望通过赋予个别群体特权，来获得政治上的支持，甚至是金钱。

　　做得少但挣得多的可能性鼓励"寻租"行为。商人花钱贿赂政府，想要获得特权。他们可以建立一个组织来实现这个目标，比如说美国雨伞制造商协会，他们可以高价宴请政府官员以达到目的。这样的组织经常被捍卫的理由是，在良好的民主制度之下，它们能够有助于不同群体间意见的交流。在公共选择理论当中，这些人是消耗资源的寻租者，而被他们损耗的资源原本可以以不同的方式更好地发挥作用。

　　寻租行为会伤害消费者，因为如果市场上的汽车和雨伞在面对国外竞争的时候受到保护，那么人们能够选择购买的汽车和雨伞就会变

---

①　老约瑟夫·肯尼迪（Joseph Kennedy Sr，1888—1969），爱尔兰裔美国企业家、政客，约翰·肯尼迪之父。——编者注

少。问题在于，花时间组织自己的团体来防止保护主义，对单独的大量分散的消费者来说永远不值得。（为什么不让别人去做，然后等着获利？）而生产者往往又庞大又稀少，每一个都有足够的能力向政府施加压力，并获得特权。但是布坎南说，应该被谴责的不是商人。问题在于，一个过于强大的政府，可以在经济中兴风作浪，并让自己赢得下一次选举。

布坎南对凯恩斯主义经济学家也不客气。这些经济学家说，政府应该在衰退的时候通过增加支出来刺激经济。刺激行为将政府预算推向赤字，因为开支超过了政府的税收。凯恩斯主义认为这不是问题，因为刺激政策再次带动了经济，政府可以在随后减少开支，并消除赤字。问题在于，选民们总是欢迎政府支出。政治人物为了维护权位，会不择手段地避免支出的减少以及惹怒选民。到最后，支出越来越多，政府的赤字也越来越高。这就是布坎南认为在20世纪60年代发生的事情。

与此同时，布坎南认为，国家的官僚阶层——官员、委员会和各部门——就像是水藻。官员们不能像企业那样做到利益最大化，因为他们并不是在销售商品或者为挣钱而工作。他们想要的是经营一个庞大组织的权力和地位。他们希望自己的预算越多越好，而他们也确实能做到，因为相比外界，他们有更多有关支出计划的信息。他们总是可以说，为了更好地完成工作，自己需要更多的豪华轿车、司机、会议室。

在公共选择理论经济学家看来，在将政治人物和官员改造成无私的人方面能做的不多。这就是日常政治的宿命。但是还有日常之上的政治：人人认可的，不是某一个政治人物或者政府官员能够轻易改变的"游戏规则"。譬如，其中一条是人们应该被允许自由发表意见，而且不会面临被捕的威胁。这些规则当中的一些已经被写进了美国宪法。为了进一步改善政府的行为，布坎南争取让另一些条文也写进宪法，比如说政府支出不能超过税收应该是一个合法要求，政府要拥有"平衡预算"（balanced budget）。

布坎南和其他公共选择理论的学者提醒我们，假设政府总是可靠和无私是一种天真的想法。他们认为，问题不是出在市场上，而是出在政府身上。不过，公共选择理论的批评者认为，政府的大部分作为都是必要的。在过去的两个世纪里，政府的扩张源于社会支出的增加，特别是公共医疗和教育方面，但对建设一个先进的经济体来说，两者都是需要的。批评政府官员永远想着要扩张自己所在的部门是夸张之词。

反对布坎南的人还质疑人只能以"理性经济人"的方式行动的看法。现实生活中，人们总是扮演着多种角色。他们将消费者、管理者、合作伙伴和选举人的身份集于一身。他们会以各个身份的不同原则来行事。比如说，政治生活总是包含着由同情导致的行为，你给一个政党投票可能是因为他们想要帮助穷人或者改善环境。对你来说，行动的价值超出了你个人的利益。如果不是这样，你就弄不清楚，既然单独的一票几乎不可能改变选举结果，为什么人们还会辛苦跑去投票。既然你可以如此行事，难道政治人物就不可以吗？

29

货币幻觉

货币的力量

在1978至1979年的冬季，英国遭遇了罕见的冰雪，同时袭来的还有工人们暴风雪般的罢工潮。在利物浦，掘墓人扔下铲子，死者无法葬入墓地。在其他地方，由于卡车司机罢工，超市货架上空空荡荡。报纸头条发出经济崩溃的警告。这几个悲惨的月份被称为"不满的冬天"（winter of discontent），被一再回顾，并被视为自第二次世界大战以来占据支配地位的凯恩斯主义开始衰落，走向结束的时刻。

不过，经济问题早在20世纪70年代末期到来之前就已经在英国和美国国内酝酿着。凯恩斯主义政策以菲利普斯曲线为基础，低失业率对应高通胀，高失业率对应低通胀。经济学家认为，通过政府支出，可以刺激经济并降低失业率，同时推高一点点通胀。20世纪60年代的通胀缓慢爬升，到了20世纪70年代，经济学家被高通胀和如影随形的高失业率弄得抓耳挠腮，情况已经超出了菲利普斯曲线所预言的程度。"滞胀"（stagflation）成了一个糟糕组合的名字：高失业率—经济停滞—高通胀。菲利普斯曲线失效了，与之一同失效的还有凯恩斯主义经济学。

经济学家开始寻找解释。一些人认为通胀是由不寻常的高油价所引起的，因为这增加了企业的成本及其产品的价格；另外一些人把责任推给工会（代表工人的组织），说它们索取了太高的工资。表面上看，罢工确实有这方面的原因。政府想要工会和工人们接受适度的涨薪，以压低通胀，不过通常工会和工人们要得更多，有时候工会最终也会号召进行一场罢工。

凯恩斯曾经是20世纪经济政策理论的巨人，到了20世纪70年代经济混乱的阶段，另一位巨人出现了：一个瘦小而果决的美国人米尔顿·弗里德曼（Milton Friedman，1912—2006），他提出了一种新的解释，引起了经济界的革命。弗里德曼出生于纽约布鲁克林区一个贫困的匈牙利犹太移民家庭，并在20世纪30年代的大萧条时期成年。和凯恩斯一样，弗里德曼的许多观点都是对经济灾难的反思，他也因此而成为经济学家。但是，弗里德曼的理论和凯恩斯的针锋相对，这些理论成了经济学争论的新战线。弗里德曼认为，20世纪70年代的问题是政府过度干预的结果，而不是干预得不够。就像凯恩斯那样，弗里德曼不想为了经济学而研究经济学，他希望的是改变世界。最终，弗里德曼的经济学战胜了凯恩斯主义。

　　弗里德曼是资本主义最著名的旗手之一，他率领的芝加哥经济学派秉承着"市场调节社会"的原则。在《资本主义与自由》一书中，弗里德曼对多种政府干预经济的行为进行了批评：比如，应该取消控制房租和制定最低工资。一开始，经济学家把弗里德曼和他的追随者视为异类。不过，弗里德曼可是一个好斗的辩才——语速快、滔滔不绝、一针见血。他会抓住对手逻辑上的错误，击溃他们的观点，并在争吵和辩论中成长。许多人因为他的自由市场观点痛恨他。更有甚者，他在20世纪70年代与一些同事访问智利，与独裁者奥古斯托·皮诺切特（Augusto Pinochet，1915—2006）有一个简短的会晤。这位独裁者杀害、虐待了成千上万的政治反对者，此后也开始推行自由市场政策。后来许多年，弗里德曼都要躲避那些指责他为皮诺切特的邪恶政权献计献策的抗议人士。当1976年他被授予诺贝尔经济学奖时，一位抗议者站起来，大喊"打倒资本主义！还智利自由！"，这位抗议人士被捕入狱，而弗里德曼得到了满堂喝彩。

　　弗里德曼的理论与货币在经济中的作用有关。凯恩斯主义认为增加货币供应可以刺激经济，但是，在具体实践中，货币不太可能成为一股强大的力量，更有力的是财政政策（政府的开支和税收）。弗里德曼将货币重新带回到经济学舞台的中心，他的经济学被称为"货币主义"（monetarism）。

他重提了一个古老的观点：货币供给量理论。为了理解这一观点，我们可以学习经济学家通常采用的办法——想象一个极度简化的经济模型来论证理论。假设一个岛上有10个卖菠萝的人，每人每年卖出1颗菠萝，挣1美元。有了这10美元的交易，这个岛的国民收入就是10美元。现在假设这个岛上有5张1美元的钞票，那么为了完成10美元的交易，每张钞票每年需要转手两次。货币供给量（5美元）×钞票转手的次数（2次）=国民收入。经济学家将钞票的转手率称作货币"流通速度"（velocity of circulation）。

假设货币流通速度变化不大。如果菠萝岛的中央银行增印了5张1美元钞票，那么货币供应量翻倍到10美元，如果流通速度还是2，每张1美元钞票转手两次，那么就会产生20美元的交易，国民收入也就翻倍了。

如果没有稳定的流通速度，货币和国民收入之间的联系就没有那么紧密，这就是凯恩斯认为货币的影响有限的原因。如果流通速度下降，导致所有中央银行增印的投入经济的货币最终都闲置在人们的钱包里，会怎么样？如果流通速度下降得足够多——菠萝岛上的流通速度从2降到1——那么，国民收入还是和从前一样。（10张1美元钞票，每张每年换手一次，加起来和之前5张1美元，每张每年换手两次的国民收入是一样的。）但是弗里德曼认为，货币的流通速度总是稳定的，因此货币量确实会影响国民收入。

弗里德曼的推论又再进一步。菠萝岛国民收入翻倍是否可以通过更高的产出或者更高的价格来实现？价格保持1美元不变，产出翻倍，可以带来更高的收入。从另一个角度讲，也可以价格翻倍到2美元，而产量保持10个菠萝不变。又或者，国民收入翻倍可以通过既增加产出又提高价格来实现。

弗里德曼说，从短期来看，增加货币供应量会鼓励消费，并诱发更多的产出。货币发挥了"真实"的作用。卖菠萝的人开始雇人采摘，从而失业率也降低了。实际上，菲利普斯曲线设想的运行轨迹正是如此。当政府通过增加货币供应量来刺激经济时，失业率会降低，经济会上升。（通过凯恩斯推崇的增加政府支出的方式也可以达到同样的效果。）当越来越多人从事菠萝生意时，价格开始缓慢上涨，这是由低失业率和高通胀所导致的。弗里德曼认为，这种情况只可能持续很短一段时间。因为菠萝销售者会提供更高的工资，人们愿意干更多的活儿。但是，菠萝的价格很快就上涨了，于是，人们的"真实"工资——由能够卖多少菠萝来衡量——却不再上涨。问题出在工人的"货币"工资和"真实"工资混淆了。经济学家将这种情况称作"货币幻觉"（money Illusion）。一旦工人意识到他们的误区，他们就会减少工作量，经济也会回到原来的样子，出现较高的失业率。结果只能是造成更高的通胀。

因此，尽管刺激可以管用一时，却会迎来一场宿醉：失业率回到当初，同时伴随着高通胀。政府想要维持就业率只有这一个办法，弗里德曼却说这是酒鬼的行为。正如酒鬼会用一杯威士忌来缓解宿醉，政府也可以尝试再次提振经济。工资和价格还是和之前一样会上涨，就业率提高，工人也错误地认为他们提高的工资意味着实际更高的收入。然后，经济重新回到当初的失业率，并带来更高的通胀。这个当初的就业率正是经济的"自然"水平——企业雇佣工人的数目由他们的生产能力所决定。想要刺激经济超过这个范围是毫无意义的，唯一的结果只能是引发更高的通胀。

对弗里德曼来说，菲利普斯曲线不管用并不奇怪。在他看来，第二次世界大战后的政府都对刺激经济上瘾了，从而推高通胀。在20世纪30年代，问题出在另一个方面，美国的中央银行通过投放过少的货币制造了20世纪最糟糕的衰退——大萧条。1929至1933年期间，货币供应量减少了三分之一。凯恩斯认为，萧条由过少的支出引起，但弗里德曼不以为然，他认为问题出在货币太少了。

如果货币可以在短期内（如果不是长期内）影响经济，那么利用这一点来调控经济的余地有多大呢？当经济降速的时候，政府可以增加货币供应量；当经济过热的时候，政府可以减少货币供应量。弗里德曼说：不行！货币的短期效果不会立刻显现。当它们开始生效的时候，经济的趋势可能已经改变了。政府没办法精确预测未来的状况，也没有办法用今天的政策去迎合未来。它们这样做最终只能适得其反。

政府能做的最好的事情就是承诺一个稳定的货币供应量年增长率，比如根据经济发展的速度定在每年3%。当菠萝销售商种植新的菠萝时，经济就会增长。当货币流通速度保持不变时，货币供应量根据菠萝产量的增加而增加，而不是其他因素。弗里德曼甚至建议废除决定经济体中货币总量的中央银行，用机器人来替代，因为机器人可以按照所需的稳定速度增加货币。这是我们期待的结果吗？一个低通胀稳定增长的经济体。

1979年，英国选举玛格丽特·撒切尔（Margaret Thatcher，1925—2013）出任新首相，不久之后，罗纳德·里根当选为美国总统。撒切尔和里根试着按照弗里德曼的方法来降低高通胀，紧紧控制着货币供应。但是，控制货币供应量是一件很微妙的事情，英国和美国政府做得都很不好。尽管通胀最终被遏制住了，但是许多经济学家还是指责这一政策令20世纪80年代早期的衰退雪上加霜。1981年，364名经济学家联名向《泰晤士报》发文，批评英国政府的经济政策。

此外，弗里德曼更广泛的有关政府干预经济导致问题的理念，在撒切尔和里根以及他们的继任者身上依然存在。凯恩斯相信经济的不稳定要求政府干预，他的建议是要保证对经济有足够的支出——创造足够的需求。弗里德曼却笃信，当经济无人插手时，就是非常稳定的。不稳定——20世纪70年代失控的通胀，20世纪30年代的萧条——是政府干预的结果。只要让市场自由呼吸，就能够得到一个健康、稳定的经济。其实现途径是加强经济的供给——不同行业能够生产的东西——而不是需求。经济学家认为只要政府取消企业的税费，放松对市场的限制，就可以鼓励更多的生产以及雇佣更多的工人。这些观点以"供给经济学"（supply-side economics）之名为人所知。在"不满的冬天"过去几十年后，这些都是政府试图去做的事情。

30

凝望未来

理性预期

　　一生中，你总是要猜测到底接下来会发生什么。你知道到市里需要20分钟，如果需要早上9点到，那么第二天你会在早上8点40分抵达公交车站。你是怎么知道公交车要用时20分钟的呢？因为那是今天、昨天以及你能回想起来的每一天乘坐公交车所用的时间。某天，天然气公司宣布，从周一开始要封闭一条道路铺设管线，一些车辆会被分流到你的交通路线上。于是，由于周一增加的车流，你在路上花

了30分钟。由于过去的经验，你以为会花20分钟，因此你迟到了10分钟。在你意识到问题所在，并提前到8点30分抵达公交车站之前，你会一直迟到下去。

20世纪70年代，经济学家开始对人们如何进行预测这个问题感兴趣。这是因为，经济活动是每天、每周、每年都在发生的事情。一家今天成立的轮胎厂可能要到5年后才可赢利。工人接受一份工资，想的是它可以支付6个月的房租。企业和工人都需要预测未来，5年之后的轮胎市场究竟会有多大？未来6个月，房租会涨价还是降价？

当计划一次行程的时候，你所使用的方法是"适应性预期"（adaptive expectations）：你预测的依据是迄今为止事情发展的方式。这种方式有时候很有效，但是在天然气公司挖路的时候就不管用了。因此，经济学家开始对适应性预期理论表示担忧，而这也正是他们大多数人所使用的方法。当你计划行程的时候，不可能是完全理性的。如果你查看行程报告，并且将天然气公司的工作马上纳入考虑范围，那么你能预测得更好。企业和工人如果不能利用所有可以获取的信息，也会在预测中败下阵来。如果轮胎厂不考虑汽车生产的最新禁令，那么它对未来行业规模的想象就会过于乐观，因此它的工厂也很难赢利。

经济学家采用了一种新理论——"理性预期"（rational expectations）。这个理论是由美国经济学家、数学家约翰·穆思（John Muth，1930—2005）提出的，他对自己的工作异常谨慎。

传闻他会把许多自己的研究论文藏起来不给别人看，认为还不够好。当他开创性的论文《理性预期和价格变动理论》于1961年发表后，并没有引起人们的注意。这个理论太超前了，穆思也不想过多宣传。他拒绝了可以发言的会议邀请，他宁可待在家里，拉他的大提琴。到了20世纪70年代，新一代的经济学家意识到穆思的理论是革命性的，其中一些人因为推进这个理论而获得了诺贝尔奖。

穆思的理论说起来并不复杂。利用理性预期，你不会再犯错误。与其按照过去的经验预测你的出行时间，不如利用眼下所有可用的信息，包括天然气公司的通告。这样的话，你就能预测到周一你会花半个小时才能抵达目的地。你的预测不会每次都很完美，可能某一天你只用了28分钟，因为一家本地企业的员工放假了，交通压力变小了；某一天你用了32分钟，因为路上发生了交通事故。你的预测出现偏差，是因为出现了影响交通的随机事件。不过平均来看，你预测30分钟的行程时间是对的。

最先使用穆思理论的经济学家是尤金·法玛（Eugene Fama，1939—　），他想知道理性预期对于金融市场的运作方式有什么意义。金融体系的银行和股票交易所打通了储户和借贷人的资金通道。一名储户希望将300英镑存入银行账户，并在6个月之后取出来；一家公司希望借贷人们的储蓄，它需要1000万英镑用来挖矿，并在5年内偿还这笔贷款。金融系统通过将千百万人的存款打包，建立一个更大的符合企业需要的现金池，并掌控资金流入和流出的时间点，从而解决了这个问题。银行通过中介的方式，在储户和借贷人之间完成这项工作。在股票市场，企业通过销售股份实现这一点，股份的购买者拥有了企业的一小部分。股份可能会赢利，但也有风险。当企业表现良好，企业价值就会增加，股份的持有者就可以通过销售股份获利，但是，如果企业表现不佳，甚至破产，那么持股人就损失了。

　　想要在股票市场挣钱，投资者需要对股票价格的涨跌有所预测。那些希望致富的股票交易员有时候会研究股票价格变动的曲线图，寻找可能预测未来股票价格走势的模式。法玛还是大学生的时候，曾经被自己的一位教授雇用，研究预测股价走势的各种方法，但没有一个取得成功。

　　法玛的理论解释了原因。他说这些预测方法的可靠程度堪比那些通过星位预测你婚姻大事的占星家。假设股票经纪人在图表里看出了上涨的趋势，他们预测股票价格下周会涨。法玛说，如果经纪人有理性预期的话，这件事就不可能会发生。如果经纪人预期股票价格未来会上涨，那么他们今天就会买入。因为如果不这么做，他们就相当于损失了一些低价买入高价卖出的收益。如果经纪人今天就买入，就已经推高了股票价格，那么未来一周，股票价格的上涨空间就很小了。如果仍然还有价格上涨的预期，人们就还会使用这套逻辑。实际上，最初的价格上涨预期一定会覆盖当天上涨后的价格。如果不这样，经纪人就会错过赢利的契机。

　　法玛的推理意味着，股票价格是无法预期的。如果你认为股票价格会有变动，那么这个变动就已经反映在当天的股价里了。当然，你可能会想，我们完全有理由期待"漂亮包装公司"的股票价格会上涨，你听说这个公司刚刚发明了一种喷涂包装纸（不到一秒就包好你的礼物）。难道购买这个公司的股票不是明智的选择吗？真不尽然。股票市场里最大的交易商是职业的股票经纪人，他们的工作让他们能够知晓经济趋势和他们所交易的企业的情况。通过理性预期，投资者利用所有可以获得的信息来做出购买和销售的决定。对你我来说，根本不可能通过猜测下周股价的变动来打败市场。对我们来说很不幸的是，考虑到新的喷涂包装纸，"漂亮包装公司"股价早已经疯涨了。

法玛的理论被称为"有效市场假说"（efficient market hypothesis）。该理论认为，金融市场的价格反映了所有可以获得的信息。当所有信息都作为确定股价的因素被考虑进去，那么投资者便可以利用全部获利的机会。这并不意味着价格不会变动——绝非如此。这个理论的含义是你无法预测价格。变动是无法预测的随机的影响因素的结果。这就相当于你的公交车因为路上的交通事故而耽搁了两分钟。当人理性的时候，市场不会更加容易预测，而是更不可预测。因此，让专业的金融顾问告诉你买哪只股票，完全是浪费时间。（一家美国报纸曾经邀请专业的金融顾问选择下一年最看好的股票，同时他们也找了一只猩猩去"选择"它喜欢的股票。在那一年年底，猩猩的成绩和人类一样！）可能你会认为，随机性相当于混乱，但是在法玛的理论里，价格越是随机，市场越是有效；金融市场越有效，那么它流通经济体内金钱的任务就完成得越好。

理性预期给凯恩斯主义经济学的棺材盖上敲下了另一枚钉子。还记得弗里德曼先敲下去的那一枚吗？他说凯恩斯主义政策的基础——菲利普斯曲线会崩塌。这条曲线告诉我们，政府可以通过开支来刺激经济，降低失业率，同时推高通胀。弗里德曼说，这样做只能暂时管用。对经济的刺激是会产生更高的工资，以及让更多人就业，但问题是，工人并没有考虑到高通胀的影响。一旦他们意识到他们的真实工资（他们能够购买的商品数量）并没有上涨，工人的就业率就会回到之前较低的水准。

美国经济学家罗伯特·卢卡斯说工人被误导了，就像你周一早上的情况，他们通过观察过去来预测未来。哪怕是暂时的，政府刺激经济的能力也是靠糊弄工人才有的。一旦人们用理性预期来看问题，就断绝了这种可能。他们能够立刻明白政府行为的效果会是什么。当考虑是否增加工作量的时候，他们预见了更高的通胀，也就会明白，这意味着自己真实的工资并没有上涨，因此他们会选择不增加工作量。即使是短期内，政府想要刺激经济也几乎是不可能的。人们已经聪明到不会被反复愚弄。

卢卡斯还认为，市场会迅速找到均衡：很少会出现过少的商品需求或者供给，价格的调整确保了这一点。经济学家将这称作"市场出清"（market clearing）。卢卡斯说，这个理论还可以适用于劳动力市场：劳动力价格（工资）的调整会让劳动力供应（寻求工作的人的数量）等于需求（企业希望雇佣的人的数量）。因此，劳动力短缺和就业岗位的短缺都应该是不常见的。失业不会发生，至少不会发生太长时间——工资会快速下降，从而令企业雇佣更多工人。市场出清加上理性预期，是挥向凯恩斯的一记重拳。他曾经说，当许多人想要找到工作却找不到的时候，经济会因此停滞。市场出清意味着任何人都可以以当下的工资找到工作，那些没有工作的工人是出于自愿而失业的。理性预期意味着政府在增加就业方面不应该做任何事情。卢卡斯的理论学派被称为"新古典经济学"（new classical economics）。这个学派复兴了被凯恩斯抨击的观点，这些"古典"学派认为，经济体总可以迅速调节，消除失业，因此政府没有必要刺激经济。

新古典经济学颇富争议。难道20世纪30年代大萧条期间或者其他经济衰退时期，数百万的失业工人都是出于自愿而失业的？市场的调节速度真的那么快吗？许多人表示了怀疑。有效市场假说同样遭到了质疑。人们真的可以迅速搜集并理解海量经济信息，从而使金融市场不存在未被利用的赢利机会吗？在这里，一些人举了一个学生和信仰理性预期理论的经济学教授的例子。他们两个人一起走进教室，学生发现地上有一张10英镑的钞票，并捡了起来。教授撇撇嘴说："别费劲了，如果地上真的有10英镑，那么它已经被捡起来了。"

在我们这本书接近尾声的时候，我们将谈谈21世纪初，令金融体系失效的经济危机。我们发现，人并不是全知的，而金融市场也远未发挥效用。这加深了我们对理性预期和有效市场理论的怀疑。

31

进攻的投机者

货币投机者

　　20世纪50年代，传统的银行经理通常是受人尊敬的社会支柱，他们是谨慎小心的人，常常早睡，饮酒适度，你甚至会觉得这些人迟钝、无趣。但是，从20世纪70年代开始，一种新的银行家出现了，他们吵闹、粗俗、傲慢。这些银行家喜欢铤而走险，希望一夜暴富，为购买跑车和香槟挥霍。他们挣钱的方式被叫作"投机"。通常，人们购买商品是为了使用，比如购买小麦制作面包，购买汽油开车。但投机的人，会在对商品的使用价值完全不感兴趣的情况下进行购买。他们买一堆小麦，仅仅因为他们认为由于预报小麦产区会发生干旱，小麦的价格会上涨。如果他们猜对了，那么他们晚些出售小麦就有利可图。

几个世纪以来都存在着投机行为，但是从20世纪70年代开始，投机行为大量爆发。银行里，整个团队的工作都是为了赢利而进行几乎所有商品的贸易。一些投机分子会建立自己的对冲基金公司，这类公司经营的完全是投机业务。其中一家叫作量子基金的公司，由热爱哲学的匈牙利裔银行家乔治·索罗斯（George Soros，1930—　）创办。他和大部分的投机分子不同，那些人对于名表的兴趣往往超过书籍。索罗斯后来成了20世纪最著名的金融家之一。

索罗斯这样的投机者挣钱的方法之一是交易货币——美元、欧元、日元等。今天，货币市场已经是全球最大的金融市场，一种货币的价格是它的"汇率"（exchange rate）。比如1墨西哥比索值多少美元或者欧元。为了购买美国的牛仔裤，墨西哥的店主需要用比索购买美元。如果一条牛仔裤价格是10美元，而1比索价值10美分，那么这条牛仔裤就要花掉这位店主100比索；如果1比索价值5美分，那么牛仔裤就要200比索。像所有可以买卖的东西一样，货币也存在供应和需求的问题。如果美国牛仔裤在墨西哥大受欢迎，那么墨西哥就需要更多的美元购买牛仔裤，这就会抬高美元的价格。汇率会随着货币供应和需求的变动而变动。

如果比索对美元的汇率起伏太大，那么墨西哥的店主就很难确认未来6个月牛仔裤订单的价格，因为今天可以承受的美元价格，可能在6个月后会因为比索贬值而变得难以承受。一些国家就是这样的：它们让自己的汇率以所谓的"浮动汇率"上下变动。还有一些国家试图阻止变动，"挂钩"自己的汇率——换句话说，将汇率以固定的价值与主导货币锁定，比如与美元。这样做是希望能够为消费者和商人带来更多的确定性，使他们能够知道向海外出口商品的收益以及从海外购买商品的支出。

挂钩货币为投机分子创造了挣钱的机会——通过"攻击"挂钩。20世纪70年代，美国经济学家保罗·克鲁格曼（Paul Krugman，1953—　）提出了一套相关理论。为了搞清楚"攻击"挂钩的含义，我们首先要明白政府是如何固定汇率的——通过购买和销售货币来保持其价值。如果政府想要将油价稳定在每升15比索，也可以采取类似的行动。如果价格为15比索时，汽油的供应超过了需求，那么政府应该购买汽油，以阻止价格下跌；如果是另一种情况，需求超过了供应，那么政府应该提供更多的汽油，否则油价就会上涨。为此，政府需要拥有一定量的汽油储备。

同样的道理，假设5月时，墨西哥政府确定了比索兑换美元的汇率，到6月，比索的需求高于平时，那么政府应该加印更多的比索，从而保持货币价值不高于它的设定值。到了7月，人们购买了大量的美元，因此出售了比以往更多的比索，那么比索对美元的价格就有可能下跌。为了保证比索价值不降，政府必须用自己的美元储备购买比索。经济学家将这个储备称为一个国家的"外汇储备"（foreign exchange reserve），对稳定汇率水平来说，外汇储备至关重要。

在克鲁格曼的理论当中，政府大量支出时，正是投机者攻击挂钩的时刻。20世纪70年代，墨西哥将比索和美元挂钩。墨西哥政府同时在社会安全、住房和交通项目上大力投入。墨西哥政府不希望通过施加重税让民众为此买单，它选择了印钞。由于每1美元对应的比索比以往增加了，因此比索对美元的价值准备要下跌，但是下跌就会打破挂钩。政府必须停止印钞，并用手中的美元储备购买比索，从而让流通中的比索保持在稳定的数量上。在一段时间内，这个举措取得了成效——直到政府的美元花光之后。墨西哥政府还在继续加印钞票用以支付投资项目，但它已经没有能力继续购买比索，因此比索的供应上升了。比索对美元的价值随即下跌。

实际上，按照克鲁格曼的理论，因为货币投机者的存在，下跌在墨西哥政府的美元用光之前就已经开始了。这些人知道政府正在印钞，并且知道政府的美元储备即将消耗殆尽，60天以后政府就没有美元了。当第60天到来，在货币贬值之前，投机者必须抛出他们手中所有的比索，不然他们就要赔钱了。这就是对挂钩的攻击。实际上，攻击会提前发生：在第59天，投机者明白，第二天美元就要耗尽，因此他们会在这一天抛出手中全部的比索。第58天也是如此。因此，在政府完全耗尽美元储备之前，投机者会抛出自己手中的比索，用来购买剩下的储备。由此，比索的挂钩断裂了。经济学家称之为"货币危机"。墨西哥在1976年爆发了该危机，货币崩溃。当货币的价值过低，进口会大大增加人们的开支，这减少了人们实际收入的价值，因此人们停止消费，经济陷入衰退。

不久之后，美国经济学家莫里斯·奥布斯特费尔德（Maurice Obstfeld，1952—　）描述了一个国家哪怕不印钞也可能会陷入货币危机的情形。这种情况发生在那些最富裕的国家身上。20世纪90年代早期，一些欧洲国家的货币和德国马克挂钩，马克是当时欧洲的经济领头羊德国的货币。但是，这些国家都陷入了两难境地。以英国为例，一方面，英国政府希望保持挂钩。英国首相约翰·梅杰（John Major，1943—　）为此赌上了自己的声誉，而且如果放弃挂钩，银行业将不再像以往那样信任英国，在借贷的时候也会更谨慎。另一方面，政府又希望放弃挂钩，让英镑下跌。因为，为了保持英镑的价值，政府必须要维持高利率——这意味着人们持有英镑的收益很多，因此人们会大量购买，从而让英镑升值。但是高利率对那些通过大量贷款买房的家庭来说是重创，现在他们正在为支付贷款利息而苦苦挣扎。

英国的危机在投机者认为政府不会继续保持挂钩的时刻爆发了。他们预计英镑会下跌。攻击在1992年9月袭来，这一天后来被称为"黑色星期三"（Black Wednesday）。这是投机者之间的战争——发生在索罗斯那样预测英镑会下跌的人和政府之间。投机者开始大量抛售英镑，英格兰银行试图通过购买英镑阻止这一浪潮。约翰·梅杰召见了众部长，他们决定将利率从10%提高到12%，这是一剂猛药。会后，英国内政大臣肯尼斯·克拉克（Kenneth Clarke，1940—　）乘车返回办公室。在车上，他的司机转头对他说："没有生效，先生。"司机从广播里听到了利率上涨的消息，但随后的新闻依然传来坏消息：英镑仍在快速下跌。几分钟后，克拉克回到梅杰房中，他们将利率提高到了15%。但这次上涨，只是暴风雨中的一叶扁舟。投机者相信政府最终会缴械投降，于是继续抛售英镑。当天晚上，英国政府放弃挂钩，约翰·梅杰有了辞职的想法。英国财政大臣诺曼·拉蒙特（Norman Lamont）说那几周他睡得很好，因为他没有必要为英镑操心。英国政府消耗了几十亿来捍卫英镑，乔治·索罗斯带走了10亿英镑，并赢得了"打垮英格兰银行的人"的称号。

一些经济学家认为，有投机者是好事。货币投机者只对国家经济的现实做出反应。只有当政府采取不良政策的时候，比如大量开支或者设定高得不现实的利率时，投机者才会攻击挂钩。如果是这样的话，索罗斯挣的就是注定会爆发的危机的钱。有经济学家甚至认为，投机者的攻击可能会鼓励政府采取更加明智的政策。但是，在20世纪90年代末期，人们不由分说地将亚洲一系列经济灾难的发生归罪于投机者。马来西亚总理马哈蒂尔·穆罕默德（Mahathir Mohamad，1925—　）说投机者是罪犯。他称索罗斯是傻瓜，货币贸易应该遭到禁止；而索罗斯称马哈蒂尔是在恐吓，他说的那些话不用当真。

亚洲的问题始于20世纪90年代末期泰国经济的崩溃。企业和银行纷纷破产，曼谷遍地是烂尾楼，而它们的所有者已经手中没钱。马来西亚和其他本地区国家，例如韩国和印度尼西亚，很快也都被泰国的经济病症所传染。

　　泰国的问题对这些国家造成了什么影响呢？经济学家认为，经济危机能够像人际间的传染病一样在国家间传播。他们将这叫作经济的"传染"（contagion），而扩散病症的正是投机者。看看泰国的例子吧，投机者担心马来西亚和其他邻近国家也会发生类似泰国的问题。如果真的发生了，他们希望将手中的马来西亚货币抛出去。他们不仅担心马来西亚经济的健康状况，还要担心其他投机者的想法。如果一些投机者认为其他投机者也同样担忧，并抛售马来西亚货币，那么他们也会跟着销售。如果有足够多的投机者这样想，该货币就真的会崩溃。这有点像是在没有着火的地方大喊"着火了！"，并引发骚乱。经济学家称其为"自我实现的危机"（self-fulfilling crisis）。一些经济学家，比如美国的杰弗里·萨克斯（Jeffrey Sachs，1954—　）认为投机者有可能在经济不存在严重问题的情况下引发危机。亚洲各经济体的表现都很好，政府的运作也相当不错，它们和20世纪70年代的墨西哥不同。这些经济学家批评说，攻击是由投机者不必要的恐慌所引起的。这也正是马来西亚总理马哈蒂尔如此恼怒的原因。

　　稍后我们还会谈到投机者。他们当中的许多人经营着远比美元、日元更复杂的金融产品。我们会在本书第38章看到，21世纪初，投机者交易的金融产品如此难以理解，以至于人们开始怀疑金融是一种危险的戏法。他们说，投机者野蛮，鲁莽，该出手制止了。

32

挽救失败者

贫困者的经济学

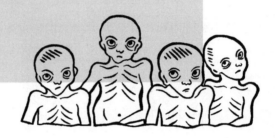

　　还在11岁的时候，印度经济学家阿马蒂亚·森（Amartya Sen，1933—　）就目睹了家乡达卡（现孟加拉国首都，当时是印度的一部分）的一起血腥袭击所造成的后果。城里到处都是暴动，穆斯林和印度教徒拔刀相向。一名在附近工作的名叫卡德尔·米亚（Kader Mia）的穆斯林劳工闯进了森家位于城市的印度教徒居住区的花园。他浑身是血，背上是当地帮派用刀刺伤的伤口。森给了他一些水并报

了警。在去医院的路上，米亚说起他的妻子曾经告诉他不要冒险进入印度人的居住区，那样可能会有危险，但是，他一家人都受到饥饿的困扰，为了挣钱，他只好冒险而为。米亚在当天夜里去世了。

这桩血案困扰了年轻的森，让他看到贫困不仅是缺钱或者缺食物。贫困的人还缺少有钱人理所当然享有的许多自由。因为贫穷，米亚只好努力挣钱养家糊口。而贫穷也意味着他无法依赖当身处安全地带时所附带的那种自由。家境良好的人没有必要去危险的地方挣钱，他们总能在别的地方找到工作，或者用存款购买食品。而米亚别无选择，只能去那些他知道存在危险的地方——最终搭上了自己的性命。

这个经历塑造了森作为经济学家的思维方式。他希望能理解经济失败者的处境，那些像卡德尔·米亚的人。森既是哲学家，又是经济学家，对当代经济学家来说，这并不常见，但这也让他跻身于关注人类物质幸福的顶尖经济学家、哲学家的行列。森在哲学上的好奇心引导他关注最基本的经济假设问题。

想到类似卡德尔·米亚这样的人所面临的贫困，森问了一个问题：他们在哪方面贫困？传统的经济学回答是金钱或食品、居所的匮乏。当人们物质商品匮乏时，他们是贫穷的。但对森来说，贫困问题的范围要更广。设想拥有一辆自行车的好处，自行车让你可以去往自己想去的地方。增加你幸福的不是自行车本身，而是拥有一种交通手段。森将这种交通手段称为"可行能力"（capability）。良好的生活需要各种不同的可行能力：能吃饱、保持健康、成为社会的一分子、安全等。物质商品和可行能力之间的关系是复杂的。自行车为四肢健全的人创造了交通的可行能力，但却无法帮助那些身有残疾无法骑车的人。

　　如果我们将每周摄入卡路里量少于2000的人称为贫困人口的话，我们这是在使用一种"绝对的"测量贫困的方法。有一个明确的食物总量，低于这个数量我们就可以说某人是贫困的。另一方面，如果贫困是"相对的"，当远低于人均值的时候，我们可以说某人是贫困的。在一个富裕的国家，人均值较高，因此如果按照相对的定义，那里的穷人可能还拥有一台电视机或者一部手机。森的可行能力的理论，将相对和绝对统一到一起：可行能力是绝对的，但是获得可行能力的物质需求是相对的。举例来说，你想要正常参与社会活动的一个可行能力是能够不害羞地出现在众人面前，这个可行能力是绝对的，因为不论是一个纽约人还是一个印度村民，尽管他们的物质需求不同，他们对于不再害羞的所需是一样的。在物质方面，纽约人需要一双鞋，如果因为买不起鞋让他们赤脚上班，他们一定会感到羞愧。但是对印度村民来说，摆脱羞愧取决于其他事情，比如他们的孩子跟谁结婚。

　　森认为，社会的发展就是可行能力的增加。当越来越多的人能够参与社区事务，且安全、健康的时候，那么社会就进步了。教育尤其如此，当你能够阅读、书写和思考问题的时候，这就给予你改变自身的自由。民主亦然，赋予人们影响社会运转方式的可能性，对森来说，这一类自由也是发展本身的一部分。真正的发展不只是用商品生产来衡量的经济发展。而是人类的发展：更多人能够拥有来自那些良好生活所需的可行能力所带来的自由。

这是否意味着更多的工厂、更好的科技和更便宜的商品及服务对人类发展来说无足轻重？当然不是！一个社会想要拥有学校和医院，就必须拥有建设所需的资源。但是，经济发展和森有关人类发展的更广泛的想法并不完全是一回事。例如，巴基斯坦就算经过了几十年的经济发展，识字率仍然很低，特别是女性的识字率更低。所以，更高的国民收入并不能保障更好的人类发展。因此，森呼吁新的经济发展举措。20世纪90年代，森有机会将自己的观点付诸实践，联合国邀请他改进传统的发展测量方式——国内生产总值（GDP）。国内生产总值通过国家每年的生产总计，测量一个国家的国民收入。森提出了另外一种方法，涵盖了寿命预期、识字率和收入。这被叫作"人类发展指数"（human development index），强调了人和经济发展的不同之处：尽管沙特阿拉伯更加富裕，但斯里兰卡在人类发展方面比沙特更好。现在大多数经济学家都认同森的观点，即发展不仅是关于国家收入的事情，还包括国民的健康和教育。

最基本的可行能力是营养。这有赖于饮食，最极端的匮乏是缺少食物，从而导致人们营养不良和死亡。在这个问题上，森又借鉴了童年时期的经验。1943年，就在卡德尔·米亚被杀前一年左右的时间，森帮助向孟加拉大饥荒的灾民发米，在此次饥荒中将近300万人失去了生命。当几十年后，森研究饥荒理论的时候，这件事的记忆涌上心头。在20世纪七八十年代，非洲和亚洲都爆发了严重的饥荒。最明显的原因就是食品短缺：天上下雨，农作物死去，人们挨饿。或者说，就像托马斯·马尔萨斯在18世纪时所说的，饥荒仅仅是因为人口快速增长，导致有太多人需要喂养。

森认为一般的解释都有缺陷。时不时地，美国都会发生旱灾，但是没有人因此挨饿。而且，当马尔萨斯对人口膨胀发出警告时，埃塞俄比亚和苏丹都爆发了饥荒，而这两个地方的人口密度都很低。森说，人们没有足够的食物可吃和没有足够的可以提供的食物是两回事。食物不仅是食物，它是人们通过市场获得的商品，因此人们不能获得足够的食物并挨饿可以有各式各样的理由。

森驳斥了饥荒发生在人们的"赋有"食物减少到了过低的无法养活自己的程度之观点。人们赋有的食物是由他们的收入和食物价格所决定的能够购买的数量。这同样包括他们自己种植的和政府补给的食物。食物的赋有会在食物没有发生短缺、干旱或者人口爆炸的情况下衰减。所有这些对饥荒来说都不是必需的——有时候，穷人就是买不起。孟加拉饥荒的体验帮助森理解了这个问题。如果饥荒是食物太少造成的，那么为什么人们会在库存满满的食品店门口挨饿？为什么饥荒没有影响到那些家境较好的朋友、亲戚呢？

森利用赋有这个概念来解释20世纪七八十年代的饥荒。1974年，在孟加拉饥荒期间，食品产量很高，但是一场洪水摧毁了农业，导致大量农村劳工没有工作。另外一些人受洪水的影响，开始囤积食物，导致食品价格暴涨。于是，许多最为贫困的人就由于高物价和低收入而买不起食物，其中一些人甚至因此饿死。当食品价格回到正常状态，饥荒也就结束了。

森认为通过更好地理解市场如何制造饥荒，就可以采取更多措施来阻止饥荒的到来。例如，20世纪70年代初，一场干旱导致印度马哈拉施特拉邦的农业人口大量失业。印度政府雇佣这些人去修建道路、打井，这样他们就可以获得薪水，从而保障了他们的食品赋有，也由此避免了饥荒的发生。

森说，民主和新闻自由对于阻止饥荒产生是必要的。当记者可以描写穷人的艰难处境时，政府就有动机采取相应对策，否则政府就要面临下一次选举下台的风险。森相信，这就是印度独立后从来没有发生过饥荒的原因。

一次著名的饥荒是1984年发生在埃塞俄比亚的饥荒。电视台对此次饥荒的报道震惊了全球，进而掀起了摇滚乐巨星制作歌曲，举办大型演唱会为非洲募捐的潮流。尽管情况糟糕，但是与20世纪30年代苏联的饥荒相比，埃塞俄比亚的饥荒算是规模较小的，造成了800万人死亡。谢天谢地，大规模的饥荒似乎已经成为过去。现在，饥荒越来越局限在非洲某些战乱地区。这些饥荒里，由饥饿造成的死亡往往较少，更多的是战乱中传播的致命疾病所引起的死亡。

人们往往认为经济学是研究股票市场、大型工业和商人决策的，当然，这些问题也很重要，但是森告诉我们经济学远远不止于此。阿尔弗雷德·马歇尔在19世纪说过，经济学家需要有一颗善良的心，也要有冷静的头脑。森就是马歇尔所说的那类经济学家的表率：他用逻辑去思考社会最底层人民的处境，数百万人只能像卡德尔·米亚那样苟且偷生，经常因活不下去而苦苦挣扎。对森来说，经济学是关于那些最贫困的人群为了幸福美满的生活而迫切需要的各种东西。购买食物的金钱固然重要，但是能够识字、保持健康、有机会参与到社会运作当中也同样重要。真正的人类发展是自由的增长。

33

了解我，了解你

逆向选择

为了庆祝美国经济学家乔治·阿克洛夫（George Akerlof，1940— ）获得诺贝尔奖，一场华美的宴会在斯德哥尔摩举行。阿克洛夫向到场的宾客阐述自己的经济学理念，听众中包括瑞典的国王和王后："牵一匹萎靡不振的老马去市场，把一条鳝鱼塞到它的肚子里，它就活泛了。"马匹（那些筋疲力尽的老马）的出售者会耍各种花招来让自己的马匹显得有活力。这样做可能会导致糟糕的后果："市场的一

端是骗子，另一端则要躲避骗子。在极端情况下，市场会完全崩溃。"

　　阿克洛夫因为在20世纪70年代发表的一篇论文《柠檬市场》而走红，文中讨论了马匹购买者所处困境的现代版本：如何购买一辆二手车。你想从本地经销商手中购买的二手车可能不错，但是，也可能是废品（一颗"柠檬"），它在汽修厂院子里看起来不错，可一上路，开不了几公里就坏掉了。有些事情在你购买之前你永远都不会知道。经销商知道那辆车是不是一颗"柠檬"，但是他永远都会告诉你车辆的状况良好。购买者和销售者愿意以高价转手一辆好车，以低价转手一辆差一些的车。问题在于，购买者并不知道哪辆车状况好，哪辆车状况坏。假设一半的车是好的，一半的车是坏的，那么你所购买的车就有一半的可能性是颗"柠檬"。对于这样的车，你不愿意出高价，只愿意出介于高价和低价之间的价钱。但是，好车的拥有者并不愿意以中间价出售自己的车，那样价格会低于其应有的售价，于是他们不会再出售自己的汽车。而另一方面，那些"柠檬"车的拥有者，却愿意出售。实际上，如果有人想要卖车，就会有这种嫌疑。于是，坏车驱逐了好车。这是市场的失败，因为许多人愿意以高价购买好车。

　　阿克洛夫认为，在经济活动当中，一些人比另外一些人知道的信息更多。这样说或许听起来完全是正确的废话，但是在他写作论文的时候，却不能被人们很好地理解。经济的标准模型显示市场的运作是良好的。市场运作的结果是人们的欲望得到满足，市场也可以获得所需的资源。（我们可以回顾本书第25章的内容）不过，这个结果需要依赖一个巨大的假设。那就是市场应该是竞争性的，市场不该受到"外部性"的影响，比如工厂的污染增加附近渔场的成本。经济学家知道，在实践中市场不会达到预期。阿克洛夫看到了标准模型的另一种一直被忽视的可能。市场想要良好运转，人们必须掌握所有的信息：汽车的成本，汽车的质量，雇员工作是否卖力，借贷人是否可靠。如果我们打算一起经商，你会想知道我是否能够胜任，我也想知道你是否能胜任。"完全信息"（perfect information）的假设——人们知道所有的信息——很少被人质疑。当阿克洛夫想要发表自己的论文的时候，很多刊物拒绝了他。一名编辑说，文章的观点无足轻重，另一名编辑说，如果你说的都是真的，经济学就要改变了。最终，阿克洛夫的论文还是发表了，经济学也确实改变了，信息经济学的研究领域由此被开辟出来。

经济学家给"柠檬问题"起了一个技术性的名称——"逆向选择"（adverse selection）——然后发现这个现象到处都存在。以医疗保险来举例，当你购买医疗保险的时候，你向保险公司支付月付保险费，而保险公司则承诺在你生病的时候支付你的医疗费用。在保险市场，购买者——想要获得保障的人——比作为销售者的保险公司知道得更多。医疗保险公司倾向于向健康状况不佳的人索取高额保费，因为这些人通常更需要医疗服务，而向健康的人索取低额保费。但是，对医疗保险公司来说，很难区分什么人健康，什么人不健康。因此，类似二手车的购买者一样，将价格定在中间，向所有人索取中等水平的保险费用。而就像那些拥有好车的人，健康的人不会想要进入这样的保险市场。由于他们患病的概率很小，保险费用对他们来说过高了。只有那些健康状况不佳的人才会愿意购买这样的保险。于是，保险公司需要将自己的保险费用提得非常高，才有可能覆盖它为那些健康状况不佳的投保人所支付的医疗费用。最终的结果是，只有那些病得最重的人才会愿意购买昂贵的医疗保险。

当重要的特性不被购买者或销售者所知，就会发生逆向选择，就像一位购买者不知道一辆车是好是坏，或者保险推销员对一名潜在客户的健康状况知之甚少。当人们的行动不确定的时候，市场也会被破坏。经济学家称为"道德风险"（moral hazard）。在你购买手机丢失险之后，你可能对手机放哪儿就不那么上心了，因为你知道，如果手机丢在公交车上，还可以获得一部新的。保险公司知道这一点，但是没有办法向你核实。结果就是，它不想给你完全的保险，从而要求你承担一部分的损失。于是，市场再一次失败了。因为你想要的是完全承保，也希望保险公司能够出售这样的保险服务，但是信息的缺乏阻止了这样的交易。

购买者和销售者找到一些方法来解决遇到的问题。比如，人们找到了购买和出售性能良好的二手车的方式。购买者试图找到想要购买的车辆的驾驶历史，好车的销售者提供担保。信息经济学的另一位先驱，迈克尔·斯宾塞（Michael Spence，1943—　）研究人们如何通过彼此间发"信号"来解决信息缺乏的问题。比如说，企业想要雇佣效率最高的人，但是人的能力很难衡量。人们就自己的能力发出信号的一个办法是获得教育资格证书。将这个想法再往前推一步，教育可能不会让人们在自己的工作岗位上表现得那么杰出，资格证书也很难将有效率的人和没有效率的人区分开来。不过，对于信息缺乏的问题，有时候确实很难找到轻松的解决办法。如果银行没有办法分辨自己究竟将贷款贷给了负责任的企业主还是诈骗犯，那么它可能会停止向所有人贷款。正像阿克洛夫所警告的那样，当信息匮乏，市场可能会完全停滞。市场停止供应人和商业所需的有用的东西。

20世纪60年代，在麻省理工学院，阿克洛夫和一位学生成了朋友，这个学生后来成了信息经济学的先驱，他们一起登上了斯德哥尔摩的舞台。约瑟夫·斯蒂格利茨（Joseph Stiglitz，1943—　）来自印第安纳州的加里，那是20世纪初由美国钢铁公司建起的钢铁城镇。小镇的贫穷、歧视和失业影响了斯蒂格利茨，并令他成长为一名经济学家。他说："当你见过市场经济的阴暗面之后，就很难对它的成就欢欣雀跃了。"无条件拥护自由市场的传统经济学是错误的。

对斯蒂格利茨来说，信息经济学和经济学中最重大的问题有关。比如，贫困的国家如何才能够变得富裕？20世纪90年代，斯蒂格利茨有机会在现实世界里应用自己的理论。他成为比尔·克林顿（Bill Clinton，1946—　）总统的顾问，随后又加入位于华盛顿的世界银行，这家银行负责向发展中国家提供贷款以及提供经济政策的建议。斯蒂格利茨和那些一般的政府官员不同，他时常松开领带四处散步，

毫不在意那些讨厌的权贵。在华盛顿的时候，斯蒂格利茨起用了一批
资深的官员和经济学家，这些人坚信自由市场是贫困国家想要的答案。

世界银行和华盛顿另一家类似的机构——国际货币基金组织，要求
发展中国家采取自由市场的政策，包括向国外的资金流敞开大门。它们
认为，这些钱会用于新工厂和道路的投资，从而有利于经济发展。巨
额的资金涌入东亚，但是正如我们早前所看到的那样，这些国家在
1997年遭受了经济冲击。外国领导人对于借贷人是否有能力偿还贷款
的考虑不足。借贷是在信息匮乏的基础上进行的，结果就是许多借款
人没有能力偿还。道德风险让事情变得更糟糕，因为放贷人盼望政府
能够在事情变糟的时候伸手救援，因此对于谁来借钱缺乏警惕。

运作良好的金融市场有赖于放贷人认真评估借贷人的可信度，有
赖于投资人认识到所投资项目的风险。金融市场和信息息息相关，远
比石油或小麦这样的商品市场要紧密。当金融市场像东亚国家那样发
展欠佳时，它们梳理复杂信息的能力也有限。斯蒂格利茨对华盛顿官
员的建议提出了严厉批评。这些人完全忽视了自由市场政策的风险，
让资金流毫无限制地在这些国家进进出出，而放贷人对于借钱的人是
谁却没有掌握足够的信息。他将这种政策比喻为把法拉利的引擎放进
一台破车里，然后在没有检查轮胎、没有考察驾驶员技术的情况下就
发动汽车。

信息经济学和发达经济体所面临的巨大经济挑战也有关系。自从
20世纪30年代的大萧条以来，经济学家始终没搞清楚究竟是什么导

致了失业。乔治·阿克洛夫从11岁父亲失业的时候就对这个问题产生了好奇。（他推理说，当一个父亲失去工作，并停止消费，那么另外一个人也会失业。以此类推，由此产生的连锁反应成了向下的经济循环。在不知情的情况下，这个还在上学的孩子就发现了凯恩斯的一个主要经济原理。）以凯恩斯的理论为基础的战后经济学认为，工资不会在经济衰退中轻易下降，而高工资让那些气馁的企业没有办法雇用更多的人手。工资为什么不降低呢？信息经济学提供了一个新的答案。因为雇主没有办法全天候监视工人，因此对于他们工作是否卖力并不知情。为了鼓励工人更好地工作，雇主提高了工资。当所有的雇主都这样做的时候，总体工资水平就上涨了。在高工资水平的基础上，企业雇佣更少的工人，失业率由此上升。随后，失业的威胁鼓励现在还有工作的工人更卖力地工作。这种思考失业问题的方式成了凯恩斯的一种新解释，受到了今天许多凯恩斯主义经济学家的追捧。

当阿克洛夫和斯蒂格利茨开辟新的信息经济学领域的时候，许多经济学家认为，市场在大部分时间里是能够良好运转的。他们相信亚当·斯密的"看不见的手"，认为市场的买卖行为会引导社会资源的最佳利用。因为信息问题导致的市场失灵并不一定意味着人是愚蠢或者非理性的。如果人们因为担心自己可能买到年迈的老马，而不再买马，这完全是理性的。但是失灵意味着"看不见的手"不再发挥作用。在接受诺贝尔奖时，斯蒂格利茨说，这只手看不见是因为它根本不存在——如果是这样的话，真是令人瞠目结舌。

34

被打破的承诺
时间不一致问题

在改变主意比不改变主意更好的情况下，人们会选择改变主意。这个简单的道理是一个经济理论的基础，该理论认为，即使有最好的初衷，政府都会成为自己所确定的目标的阻碍。它们就像是好心的老师，改变了让懒学生留堂的想法，尽管那样做会鼓励学生更努力地学习，并顺利通过考试。学生不做家庭作业，老师威胁说留堂，但在学生还没有交作业的时候却让他们回家了。为什么呢？如果让学生留

堂，老师也要晚回家，但是他们想要按时下班。学生知道老师不会将自己的威胁坚持到底，因此也就不做作业，于是，他们永远改不了懒惰的毛病，也没有办法通过考试。如果学生能够相信老师的威胁，他们就会做作业，老师也就能够按时下班。因为懒学生不相信老师的威胁，所有人都是输家。

老师想要达到的效果——通过威胁让学生做作业——随着时间展现。周一的最佳选择是威胁道，周三的时候如果不交作业就会留堂，等到了周三，最佳选择是放学生回家。老师对自己说：既然都是不做作业，那么留堂和晚下班还有什么意义？

两名经济学家在20世纪70年代末期研究了试图在一段时间内实现一个目标的问题。芬恩·基德兰德（Finn Kydland，1943—　）在挪威的一个农庄长大，是当地唯一学历超过小学的学生。当他在匹兹堡卡内基-梅隆大学攻读博士学位的时候，他认识了美国经济学家爱德华·普雷斯科特（Edward Prescott，1940—2022），并在回挪威的时候，说服普雷斯科特和他一起去卑尔根市的挪威经济学院待上一年。在学院静谧的环境里，在所有人下班回家之后的漫长时间里，基德兰德和普雷斯科特思考着他们的新理论，创造了一个新的学派。心软的老师面临的是"时间不一致"（time inconsistency）的问题：今天的最佳选择，并非明天的最佳选择。

那些试图控制火箭飞行的科学家不会遇到时间不一致的问题。他们周一发射火箭时，会向控制火箭的电脑下达指令，要求它周三抵达月球，期间消耗的燃料越少越好。他们可以周一事先在电脑里上传一些指令，覆盖整个飞行航程，或者他们可以周一下达一些指令，周二再下达一些，剩下的周三再说。他们选择哪种做法，都没什么影响。周一的最佳选择，到了周三也还是一样的。控制火箭的电脑总是能够成功执行任务。

但如果你面对的是人，那这就是个问题了。周一的时候老师给自己制定了未来一周的指令：如果不交作业就留堂。但是到了周三，他们却会采取不同的做法。人和火箭是不同的，因为人要预测未来。人会预测到明天的情况，从而调整今天的行动。学生知道老师不会将威胁变成事实，因此他们也就不会纠结于是否做作业。

基德兰德和普雷斯科特是20世纪70年代那一批经济学家当中，认为凯恩斯主义经济学说政府可以轻易控制经济的观点是错误的人，因为那样是假设经济运作如同火箭发射一样。他们说，只有在人不是充分理性的情况下，这才是事实。这一经济学的新思路检验了当人拥有理性预期的情况下，经济的运作方式。我们在本书第30章谈论过这种情况，当人拥有理性预期，他们会利用可以获得的所有信息去进行预测，包括政府的经济政策。他们不会因为遗漏重要的信息而犯错。基德兰德和普雷斯科特发现，理性预期导致了时间不一致。老师的问题之所以存在，是因为他们的学生将周一的行动考虑在内，认为到了周三老师还会那么做。火箭科学家研究的对象是大自然，但老师和政府参与的是一个复杂的游戏，他们的对手是狡猾的人类。

20世纪五六十年代的凯恩斯主义经济政策，以政府可以通过调整政府开支来影响经济的观点为基础。（凯恩斯主义者不那么赞同的另一种政策选择是政府让更多的货币进入流通领域。）根据菲利普斯曲线，低失业率伴随着高通胀，政府可以利用这些政策，以较高的通胀为代价，降低失业率。理性预期理论家认为，这是不可能实现的。他们认为，如果政府刺激经济，理性的人通常会预见到更高的工资会被同样上涨的物价所抵消。人们的真实工资（能够实际购买的商品）不会改变，当意识到这一点，人们就不会更卖力地工作。政府政策的唯一效果就是抬高了通胀。以这种眼光看待经济，政府能够做的最好的事情是不要印太多钞票，不要有太多政府开支，从而将通胀保持在较低的水平。

不过，即使政府认识到这些，它还是会不可避免地想要刺激经济。1月时，政府做出了承诺：通胀将保持在低水平，因为它知道长期来说，对经济的刺激是无效的，只会导致高通胀。但是到了5月，政府不是那么受人欢迎，而年底的选举又近在眼前。尽管政府通常不能影响就业率，但如果它能够出人意料地忽然刺激经济，还是有可能在短期内做到这一点的。于是，5月的时候，政府就这么做了，希望低失业率能够带来政治上的好处。在短时间内，人们的就业率由于工资的提高而提高，但是当他们意识到高工资被高物价所抵消，就业率很快就又回到了较低的水准。政府在6月、7月和8月又做了同样的尝试。因为这些行动只有在出人意料的情况下才能发挥作用，因此也就只能偶尔有效（并且生效的时间也很短），一段时间过去后，相比政府承诺的什么都不做，失业率再也不会下降了。不同之处在于，通胀变成了8%，而不是2%。人们理解政府的处境，因此也就不会相信政府所说的保持低通胀的承诺。就像前面说的教师一样，政府希望兑现承诺，但当到了预定的时间时，它并不能坚持履行。打破承诺的结果是经济更加不稳定：价格越是飞涨越不稳定，也就越发动荡和不可预测。

可能你会认为，对于一个有良好用心的政府（或者老师）在任何时间点上拥有做出各种选择的可能性是一件好事。经济学家称为"政策自由裁量权"（policy discretion）：充分自由地来做决定。5月的时候，政府决定采取一些行动回应当前的局势，6月、7月、8月也同样如此。自由裁量权真的可以让政府能够先评估当前情况，再采取行动，并随着时间的推移，取得最佳结果吗？

基德兰德和普雷斯科特说，与其使用自由裁量权——在1月、3月和5月分别做出决定——政府不如按照事先确定的原则行事，比如"不论在什么时候都保证低通胀"。但是政府怎么会如此执行呢？它手中握有权杖，总会破坏自己的设定的规则。问题在于，政府的权力越大，它所受到的约束越少。不管政府做出承诺时有多认真，都没有人会相信它（就像大吼大叫的老师，他说威胁的话也没人听）。

在基德兰德和普雷斯科特提出他们的理论之后，经济学家开始寻找解决方案，让政府能够履行自己设定的规则，并解决时间不一致的问题。许多方案都要求改变中央银行的运作方式。中央银行是政府的银行，也是发行新的纸币和硬币的银行。今天的中央银行执行着政府的货币政策：调整货币供给和利率。中央银行最开始是私人企业，最古老的一家中央银行——英格兰银行，由一群商人创立于1694年，他们希望保证英国有足够的钱来和法国打仗。渐渐地，中央银行归入了政府部门。1946年，英格兰银行实行了公有化。英国的财政大臣斯塔福德·克里普斯（Stafford Cripps，1889—1952）在20世纪40年代后期，称英格兰银行是"他的银行"。中央银行被政府用来推行凯恩斯主义政策。它们受到政府控制，按照政治人物的想法运行。

时间不一致问题的一种解决办法是政府放弃对中央银行的控制，让中央银行独立，这样货币政策就不再有被政治人物操纵的风险。中央银行的行长不是选举产生的，这样他们也不会采取那种可能在短期内迎合大众的行动，所以他们能够始终执行将通胀保持在低水平的规定。政府也可以把强烈倾向低通胀的人任命为自己的中央银行行长，而这些人会尽自己所能去实现低通胀。这就好像是心软的老师把懒学生送到严格的老师那里，学生们知道这位老师是真的会留堂。

到了20世纪90年代，许多政府让自己的中央银行独立起来。它们为通胀设定了目标——保持在2%～3%之间。中央银行的工作就是利用货币政策的工具（现在受它们控制了）来达到这一目标。拿破仑在法国大革命的骚乱之后为了整顿金融秩序而建立的法兰西银行，在成立近200年后，从1994年开始摆脱政治人物的管制。在一次庆祝独立的庆典上，银行的管理者展望了经济平稳的新时代。英格兰银行在1998年实现了独立，每周三都会举行专家委员会。他们会就是否提高或者降低利率进行投票，以实现其通胀目标。一些经济学家甚至建议将中央银行行长的薪水和通胀率挂钩。当新西兰的央行独立时，采取了类似的做法，如果央行不能达到既定的通胀水平，那么央行行长可以被解雇。

许多经济学家认为中央银行的独立会带来低通胀和稳定的增长。这将是从20世纪70年代开始的"滞胀"时代（高通胀和高失业）的一次大反转。这里说的是"大缓和"（great moderation），一个不再剧烈波动的稳定的经济时代。那么，央行的独立有效果吗？央行独立的国家其通胀确实下降了，这是事实，但是硬将这两件事关联在一起却是牵强的。20世纪八九十年代的低通胀可能是运气使然，而不是聪明地解决时间不一致问题的经济理论的结果。在20世纪70年代，经济学家受到了那些导致高通胀的事件的突然打击，比如中东地区的政治危机导致油价暴涨。20世纪八九十年代的经济稳定可能是由于没有出现这样的打击。更重要的，"大缓和"并没有持续下去，2008年全球经济崩溃，它突然中止了，经济波动又重新回来了。

35

消失的女性

女权主义经济学

　　20世纪90年代初期，经济学家阿马蒂亚·森测算出有1亿名女性消失了。由于女性的寿命长于男性，人口中女性的数量应该比男性多才对。在英国、法国和美国，男女比例大约是100∶105。但是森发现，在一些国家里，男性的数量超过了女性。在中国和孟加拉国，男女比例为100∶94；在巴基斯坦，男女比例为100∶90。将这些缺口的数量加起来，森发现全世界总共减少了1亿名女性。这些女性去了哪里？森说，她们是极端经济剥夺的受害者：吃不饱饭，缺少药品，寿命也就跟着缩短了。这一发现显示出经济对男性和女性并非平等待之，经济是存在偏见的。

20世纪90年代，一批经济学家想要解释这种偏见。他们将经济学和女权运动（信仰男女平权的社会政治理念）结合起来。女权主义经济学家认为，这种偏向意味着女性不能公平地获得社会资源，经济学家思考世界的方式中也存在这一种偏见。这一点非常重要，因为我们如何认识经济，会影响到经济如何对待不同的人群。

在一定程度上，我们在本书中看到的经济理论（完全竞争市场、需求理论等）是经济学家讲述了一遍又一遍的故事。最为有名的一个是亚当·斯密的"看不见的手"。当然，"看不见的手"并不真的存在，那只是许多人以一种有序的方式购买和销售物品。但这是一个有用的故事。黛安娜·施特拉斯曼（Diana Strassmann，1955—　）是女权主义经济学家的先驱，她指出大部分经济学故事往往是在19世纪先由男性所提出的，大部分讲述经济学故事的男性经济学家都怀着对女性参与经济活动的担忧。（虽然今天这种观念已经转变，但经济学仍然是由男性主导的专业。）施特拉斯曼认为，就算我们意识不到，但是那些我们讲述的经济故事反映了我们从过去继承下来的偏见。经济学通过男性视角来观察世界，女性在经济故事中的比重较小，并且在真实资源的分配上处于劣势。老实说，经济学必须要认识到自己的偏见，女权主义经济学家希望世人能够注意到这一点。

　　传统经济学有一个经常爱讲的故事，施特拉斯曼称为"仁慈的大家长"（benevolent patriarch）——好心的男性领导人。社会不是由单独的人构成的，而是由一个个家庭，通常由一些大人和孩子组成。不过，经济学将家庭视为一个单位。想象中的"家里做主的人"都是男人，负责挣钱，而妻子和孩子则没有收入，需要依靠他生活。家庭是一个充满和谐的地方，不会因为食物或者金钱争吵。男人为自己的妻子和孩子提供他们的所需，于是经济学家可以将注意力放在挣钱的男性身上，而不用太去操心那些靠男人养活的人。不管怎么说，有这么一个公正且聪明的男人的带领，女性和孩子可以一直指望他。就是这样，妻子和孩子从经济学家的视野中消失了。

　　施特拉斯曼认为这个故事是扭曲的。森说的消失的女性揭示了资源并未公平分配的事实，并不是所有的男性都是公正的，有时候他们也会因为钱的问题和妻子吵架。这通常导致女孩在家庭配给的排序中处于劣势。在某些社会里，男孩在食品和药品的享用方面都比女孩优先，一些生病的女孩甚至只能等死，而不会像男孩那样被送往医院就诊。此外，有些家庭里做主的人是女性，这样的家庭往往面临最大的困难。因为忽视了女性，经济学错过了家庭内部资源分配方式这个重要的主题。

　　另一个流传久远的经济学故事讲述了女性的"休闲"。如果女性待在家中，而不是出门就业，那么看起来他们并没有在工作。如果她们不为挣钱而工作，那么她们就必须要采取唯一被经济学认可的行动，即"休闲"：比如出门吃顿午餐，或者看电视。经济学家南希·福尔布雷（Nancy Folbre，1952—　）在她的《谁为孩子付钱》一书中挑战了这种说法。

福尔布雷认为，女性为养育未来的劳动力承担了大部分成本。公认的经济学忽视了这一成本，是因为女性照料孩子并没有收入。当一位男性为保姆的打扫、烹饪和照料孩子的工作支付薪水时，这位女性的劳动就被算作国家的国民收入当中的一部分。如果这位男性娶了这位女性，她就成了家庭的一部分。她继续打扫、做饭，但是作为妻子却不再得到报酬，她的劳动也就不再被算入国民收入之中。在传统的观点中，这位女性就变成了"非生产性家庭主妇"（unproductive housewife）。

想想所有那些因为没有支付报酬而被忽视的劳动吧：购物、做饭、打扫、照料孩子。在贫困国家里，女性收集柴火、挑水、犁地、磨玉米、整修房屋。据美国的统计显示，相当于全世界经济生产总量70%的劳动没有获得报酬。而这一部分劳动中，女性又占了将近70%。如果没有报酬的工作占据经济体这么大的一部分，那么经济学家在衡量经济的时候捕捉到这一点不是很重要吗？新西兰女权主义经济学家玛丽莲·韦林（Marilyn Waring，1952—　）在她的著作《如果女人算数》当中提到了这一点。这本书确实影响了经济学家计算国民收入的方式，但他们依然将许多重要的没有酬劳的工作排除在计算之外。

另外一些女权主义经济学家强调要让女性更容易找到工作。这是20世纪最大的一个经济学变化，特别是在欧洲和美国：女性进入了职场。

在1890年时，美国只有20%的女性挣工资。直到20世纪50年代，一些工作还是会对已婚妇女关上大门。女性一旦结婚，就会丢掉饭碗。渐渐地，社会开始接受女性是劳动力的重要组成部分，60%的女性在1980年找到了工作。许多女性过去从事的没有报酬的工作转移给了保姆和清洁工。尽管有这样的潮流，但是家庭当中的无报酬工作仍然是个大问题，女性——甚至那些已经工作的——承担了当中的大部分。

施特拉斯曼说，经济学家最喜欢的故事——自由选择的故事——同样需要被改写。公认的经济学以"理性经济人"的概念为基础，这样的人以价格和收入作为选择购买的依据。每个人都有明确的偏好。他们知道自己喜欢茶胜过咖啡，喜欢歌剧胜过足球，他们的生活存在于利用自己的财富实现欲望的满足当中。女权主义经济学家说，这个行为理论依然是男性视角的。历史上大部分的传统经济学家，都是受过良好教育，家境富裕的人，在他们看来，面对一堆选择做出决定是非常自然的一件事。他们既有钱又有权去做自己想做的事情。但是，女性和其他弱势群体由于遭受偏见和歧视，被剥夺了自由选择的权利。学业上的自由选择在那些女孩只要上学就会被杀的社会里没有什么意义。

当经济学家判断经济成果如何时，他们最关注的就是人们拥有选择权。在不同的男女之间比较他们的幸福是没有必要的——事实上，经济学家认为任何这样的比较都是没有意义的。相反，他们评判一个经济体好坏时使用的是帕累托最优的概念（我们在本书第25章所提到的）。在这个测量标准下，唯一算数的改进是，一个人福利的增加，不以另一个人福利的减少为代价。但是在经济运行中，大部分的改变都会产生赢家和输家。比如说，帕累托最优并没有提到少数有钱人的财富减少了，但同时数百名女性摆脱了贫困这样的改变。因此，从很难认可当今变化的角度来讲，用帕累托最优这种方法来判断经济可能有些保守了。毫无疑问，这种方法对社会中最有权势的人来说最有利。

女权主义经济学家认为这套方法从头到脚都太狭隘了。在实际生活中，人和人之间都有感情关联，彼此都有同情。很明显，母亲照料孩子是出于爱，而不是为了平衡她们的付出和收获。就连消费者、销售商和员工都会出于广泛的同情采取行动，而不仅仅是为了钱。比如说，圣弗朗西斯科的消费者购买昂贵的"公平贸易"（fair trade）咖啡，是因为这样对发展中国家的咖啡种植者来说更有利。他们付更多的钱，是为了帮助千里之外的陌生人。如果人们都如此行事，我们还能说在不同人群之间比较他们的幸福是没有意义的吗？

经济学家朱莉·纳尔逊（Julie Nelson，1956—　）提出了另一种判断经济好坏的方法。未按照帕累托最优的概念来考虑问题，她选择了"供给"（provisioning）的概念：如何向人们提供良好生活所需的各类物品。她甚至转向亚当·斯密——这位思想家经常把自由选择和商品交换的概念联系在一起，并指出亚当·斯密曾经说过，健康的经济就是能够产生体面生活所需的经济。你也可以将经济成功描述为向所有人提供生活所需，包括食品、药品、照料儿童和老人，而不是简单描述为一个人面对足够多的选择时能自由地进行选择。

今天，女性面临的最严重的匮乏是由艾滋病传染所引起的。在贫困国家里，年轻女性比男性更容易被传染，而想要得到治疗则难如登天。当家庭成员被感染，女性还要负担额外的劳动。女权主义经济学家告诉我们，如果没有针对性的政策，消失的女性的问题只会越来越严重。只有社会的改变和良好的政策可以起到帮助作用。印度喀拉拉邦因为在女学生的教育上的努力从众多邦中脱颖而出，现在那里的许多女性都找到了工作。森发现，喀拉拉邦和印度其他地方不一样，消失的女性在那里被找到了。那里的女性数量超过了男性，和欧美的比例相近。

传统经济学也不是完全忽视女性的，但是女权主义者往往不能认同传统经济学的解释。比如，为什么女性总是比男性挣得少？传统的经济学家或许会说，这是因为男性和女性的偏好不同。男性更愿意学习那些收入更高的专业——比如，法律和科学。女性更愿意学习文学和语言，于是她们成了老师，而不是法官和工程师。这完全是男性和女性不同选择的结果，如果女性想要挣得更多，她们需要做的就是改变自己的选择。女权主义经济学家反驳了这种观点：将女性在经济中的角色视为女性自己的选择，而不是社会给她们的定位，这种观点只能证明女性在经济上的劣势。女权主义经济学家认为，需要改变的不是女性，而是经济学本身。说到底，不论女性还是男性，所有人的行为方式都比"理性经济人"所描述的更为复杂。女权主义经济学家说，"理性经济人"需要一颗心。或许，这将成为新的经济学故事的开始，一个能够更好地帮助人们改善他们生活的故事，不论是对男性还是女性。

36

雾中之思

无逻辑的经济学

如何知道一棵树距离你多远？有一部分要靠那棵树看起来的样子和其清晰度。这通常没问题，但有时候视觉上的错觉也会欺骗你：当它笼罩在蒙蒙雾气之中，你想象的距离可能比实际的更远。

以色列心理学家丹尼尔·卡尼曼（Daniel Kahneman，1934— ）研究的是视觉感知方面的心理学，随后又转向经济学。他的一个研究心理学的同事阿莫斯·特沃斯基（Amos Tversky，

1937—1996）发现，当人们接受一份工作或者购买一杯咖啡时，一团心理的浓雾会令他们没有办法有逻辑地理解事情。经济学家一直相信人是理性的，人们会在展开行动前精确地权衡选择的成本和收益。卡尼曼和特沃斯基发现事实并非如此。他们用了几十年观察人类在现实生活中的决策，并帮助创建了行为经济学。毫无疑问，所有的经济学都和行为有关，但行为经济学是全新的，因为这一理论建立在人们实际决策的无逻辑之上，而不是简单地断定人是理性的。

　　一件不符合逻辑的事情是，人以不同的方式权衡收获和损失。理性来讲，收获50美元正好可以抵消损失的50美元。但是比起收获，人们看起来都更讨厌损失。行为经济学家理查德·塞勒（Richard Thaler，1945—　）还在学生时代时，就在自己的一位经济学教授身上发现了"损失厌恶"（loss aversion）。这位教授是红酒爱好者，愿意出高价购买一瓶好酒。但是他很讨厌放弃这样一瓶酒，就算你出他购买时3倍的价钱，他也不会卖给你。为了弄清楚这件事，塞勒和卡尼曼在一群人身上进行实验。一些人拿到了马克杯，并被问他们愿意以什么样的价格出售这个杯子；另外一些人没有拿到马克杯，他们被问到愿意出多少钱来买这样一个杯子。从本质上来说，这两拨人被问的是同一个问题：他们认为这个马克杯值多少钱。经济理性要求他们得出同样的估值。如果他们的估值是5英镑，他们应该愿意以这个价格购买或者出售这个马克杯。人们对一件东西的估值不应该因为他们是否拥有它而受到影响。但是人们确实因为是否拥有马克杯而影响了他们的估值。拥有马克杯的人，相比没有马克杯的人，他们的估值更高。

正如一间屋子看起来是更亮还是更暗，要看屋外的亮度一样，结果看起来是更好还是更糟要看你的基准点（reference point）在哪里。如果你一开始没有马克杯，你的基准点就是没有马克杯，那么得到一个就是获得。如果你一开始有马克杯，你的基准点就是有马克杯，那么放弃它就会被看作损失，从心理上来说你会觉得不好受。一旦你得到什么东西，它的价值对你来说就更高了。这就有点像是一个孩子从地上捡了一根树枝，当家长把树枝拿走的时候，孩子会哭。你需要得到更多的钱才能放弃自己的马克杯，就像塞勒的教授对待自己的红酒一样。

通过对某件事物在和基准点的对比中进行描述或"框定"（framed），人们的决定可以仅因此受到影响。想象有一场传染病会杀死600人，现在有不同的卫生计划可以用来抗击。其中一个计划能够拯救200人，而另一个计划会导致400人死亡。哪一个计划更好？尽管两个计划的最终结果完全一样，但是卡尼曼和特沃斯基发现人们更倾向于第一个。第一个计划被表达成相对所有人都死去的基准点的获得，而第二个计划被表达成相对所有人都获救的基准点的损失。基准点让人们无法单纯以金钱的得失为基础，理性地做出决策。如果一台笔记本电脑以1000美元的价格进行促销，看起来也不过如此；同一台电脑如果是从1500美元打折到1000美元，看起来就显得很便宜。超市利用这一点，将一些商品的价格先提高，然后再大力打折。

决策中另一个无逻辑的事情是人们对不确定性的判断。一个工人考虑去一家本地面包店上班，需要判断这家企业第二年歇业关门的可能性。一家出租车公司希望在城市的新地界设立办公室，需要判断那里的人有多需要他们的服务。如果人是理性的，那么他们应该能够很好地利用他们所能获得的信息，并以此为基础评估未来的可能性。卡尼曼和特沃斯基认为，人不是这样的。

　　想象一名叫作卡萝尔的女士非常热爱音乐和艺术，上学时把大部分时间都用来听音乐会，下面两种陈述，哪个听起来符合现实。陈述一：卡萝尔是一名银行职员。陈述二：卡萝尔是一名银行职员，并且在当地的一个乐队里吹萨克斯。请想一想再回答。卡尼曼和特沃斯基发现，当被问及这个问题时，人们倾向于相信陈述二更符合现实。但实际上，应该选择陈述一，因为大概率事件——卡萝尔是银行职员——的可能性通常高于小概率事件——卡萝尔是银行职员同时还是乐队成员。（我们还可以比较：明天下雨的可能性，和明天下午2点到4点间下雨的可能性。）人们认为陈述二更好地代表了他们知道的对卡萝尔的描述，但是这个陈述只是转移了他们的注意力，让他们对可能性做出了错误的判断。如果人们被这些可能性的判断误导了，那么他们在判断更复杂的局势时更有可能犯错，比如城里某一区域里到底有多少人愿意使用出租车。

　　一些经济学家承认人类决策的无逻辑性，但还是认为这并不重要，将经济大致描述为理性的是有益的。另一方面，行为经济学家却解释道，主要的经济活动需要他们独特的理论。比如，行为经济学已经被用来解释20世纪90年代美国股票市场的飙升以及2000年的暴跌、企业破产和财富的消失。

20世纪80年代早期时，美国的股票市场就开始上涨。到了20世纪90年代，人们纷纷购买新技术企业的股份。这些企业提供像浏览器、搜索引擎、在线商务这样的令人激动的产品。当雅虎在股市发行股票时，股票价格在第一天就上涨了150%，人们对这只股票的需求如此之强烈，以至于在拖车里创建雅虎的那两名斯坦福大学的学生发现自己的财富增加了1.5亿美元。但是许多这样的企业赢利却很有限。亚马逊警告投资者，自己实际上就快要赔钱了，但是这并不能阻止人们购买它的股票。投资者相信，未来，新技术会给企业带来巨额利润。到最后，小店主、出租车司机和教师都在吃午饭的时候跑去买股票。到了20世纪90年代后期，股票市场每年都要上涨20%，甚至30%之多。问题是，经济活动的收入并没有增加得如此之快。

少数经济学家警告说，这种趋势不会一直持续下去。其中一位便是罗伯特·希勒（Robert Shiller，1946—　），他将行为经济学应用到金融市场上。他说，金融市场因为乐观情绪被推高，但很快就会回落。2000年3月，他正准备宣传一本新书《非理性繁荣》——而恰恰就在此时，股票市场崩溃了。某天，希勒正在参加一个广播节目，一位听众打进电话说，她知道希勒是错的，市场只能保持上涨。希勒记得这位女士声音中焦虑的情绪。对希勒来说，股票市场中正在发生的事情更关乎情感和心理学，而不是经济逻辑。

经济学说，当一家企业产生良好的利润时，它的股票就会很值钱。理性的投资者利用有关不同企业赢利能力的全部信息来决定购买哪一家企业的股票。当股票市场里足够多的人采取这样的行动时，股票价格就会反映全部可以获得的经济信息。理性保障了金融市场的有效运作。希勒反驳了这种观点，即经济学家所说的"有效市场假说"（我们在本书第30章谈到过）。他发现，股票价格比该假说想象的更不稳定，因为股票价格的起伏超过了企业利润的起伏。

卡尼曼和特沃斯基的发现对此做出了解释。在金融市场，投资者犯了和那些相信卡萝尔更有可能是吹萨克斯的银行职员的人一样的错误。不仔细查看企业的赢利能力，以正确评估股票未来上涨的可能性，人们观察的是可能类似的情况。一个明显的例子就是观察股票过去几个月的表现。如果过去5个月股票都上涨，那么未来5个月想当然地就要上涨。人们说，这只股票当然要买。但是，过去5个月发生的事情，对于现在的情况可能没有意义，正如有关卡萝尔的描述不会对真实情况的可能性产生影响一样。

人们决策当中的无逻辑性是股市失去控制的原因。希勒认为，20世纪90年代的股票市场，更像是时尚，并非理性的经济学。人们模仿别人的穿着，某年流行大镜面的太阳镜，越多人戴这样的太阳镜，就有越多人想要加入进来。一个失控的股票市场是以股价进行表达的一场经济学时尚。经济学家有时候将市场描述为羊群——成千上万的人跟随前面的人——或者一个风中的肥皂泡，随着股价的上涨而上升。

20世纪90年代，人们看到自己的邻居因为购买科技股票发财，于是也购买相同的股票，并相信股价会保持上涨。股票价格被推得更高，从而印证了他们的想法。人们购买股票不是因为他们对企业的产品有了积极的评估，因此股票价格和企业的真实价值之间也没有什么联系。投资者陷入了给不合格企业提供资金的风险——而这并非经济资源的最佳使用方式。

电脑和互联网确实改变了经济，但是投资者对新技术的兴奋已经不再需要任何理由。在历史上，这样的事情并不是第一次发生。19世纪，苏格兰经济学家查尔斯·麦基（Charles Mackey，1812—1889）在自己的《非同寻常的大众幻想与群众性癫狂》一书中讲述了类似的泡沫故事。20世纪末，美国科技股票市场的经历，出现在17世纪荷兰的郁金香身上。英国在18世纪也发生过购买股票的热潮，一些企业提出了能够大量挣钱的方案，例如从弗吉尼亚州进口胡桃树、发明永动机，甚至保密不说但承诺挣钱的什么东西。

和之前的故事一样，美国的股票泡沫破裂了。当泡沫破裂时，人们开始朝相反的方向奔跑。人们看到其他人在出售股票，于是也开始出售，很快市场就出现了恐慌。当股票价格崩溃时，投资者的财富消失了，大量的新技术企业破产。不到一周时间，蒸发了2万亿美元市值的财富。不过很快，下一个泡沫出现在人们的视线里。希勒预言——这一次是房地产。人们纷纷借贷购房，而房价不断上涨。正如我们随后就会看到的，当这个泡沫破裂时，整个金融体系几乎被摧毁了。

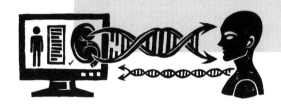

37

真实世界的经济学

市场设计与拍卖理论

　　器官移植所需的心脏、肾脏、肝脏可以拯救身患重病的人，那么我们应该允许人类器官的买卖吗？大部分人都会说"不行"。穷人由于没钱购买只好等死，而富人可以轻易买到肾脏，这样的想法令我们恐惧。这正是出售器官违法的原因。医生决定哪位病人可以接受器官移植，从而为他们寻找合适的捐赠者，但是病人往往需要等待很长一段时间。2006年，在美国，7万名病患在等待肾脏，但是只进行了不到1.1万次的移植手术，有5000人去世或者由于病情加重而无法接受移植。美国经济学家阿尔文·罗思（Alvin Roth，1951—　）利用经济学原理找到了一个增加可用于移植的器官的方法，而且不是通过买卖的方式。

罗思的解决方案以每个人都有两个肾脏，而且剩下一个还可以生活下去作为基础。当你的兄弟需要一个肾脏时，你应该会决定把自己的一个肾给他。问题是，当医生对你和你的兄弟进行测试的时候，他们可能会发现你的肾脏出现了排异——并不匹配你兄弟的身体。你的兄弟必须要等到一个相匹配的肾脏出现。假设有另外一组病人和医生，是你完全不认识的，也处在同样的状况下。如果你的肾脏刚好匹配那位病人的身体，而那位病人预备的肾脏匹配你兄弟的身体，会怎么样？相互交换应该是不错的主意吧？这就是罗思的解决方案的核心。这是一个基本经济学处境的翻版：如果我有一些鱼，想要些奶酪，而你有奶酪，想要些鱼，那么我们就可以交换商品，实现双赢。问题在于，我们很难找到对方，这就是我们使用货币的原因：我把鱼卖了3英镑，然后用这笔钱去买奶酪。

罗思设计了一个系统，允许在没有金钱交易的前提下实现有利的肾脏交换。首先要做的是，建立一个肾脏捐赠人和需求肾脏的病人的资料库。利用这个资料库来寻找匹配的肾脏，并进行交换。通过高等数学和电脑程序，罗思可以算出病人和捐赠者之间复杂的交换序列，通过这个序列可以为更多的病人找到匹配的肾脏。利用罗思的方法，

新英格兰肾脏交换计划建立起来，这个计划串起了美国新英格兰地区
14家肾脏移植中心，使上千名病患在没有做更多其他努力的情况下就
得到了自己需要的肾脏。

肾脏交换计划展现出经济学可以对人类生活产生的巨大影响，同
样也是一种不同类型的经济学的实例。迄今为止，我们总认为经济学
是描述经济活动运行，以及判断运行状况的学问。罗思这样的经济学
家走得更远：他们利用经济学理论，在真实世界里创造了经济活动的
新领地。尽管不涉及买卖，肾脏交换就像是一个市场，允许人们在其
中彼此交换物品。当罗思建立起自己的资料库和电脑程序时，他创造
了一个前所未有的类似市场的事物。这是经济学新领域——"市场设
计"（market design）的范例。

当然，我们大部分人一辈子都不会需要去找一颗肾。另一个非常
著名的市场设计的例子——我们口袋里的移动电话——却影响了大部
分人。与肾脏交换不同的是，移动电话的购买者向销售者支付了巨额
金钱。在20世纪90年代至21世纪初，各个政府都雇佣经济学家帮助
它们向企业销售使用电台波段的执照，用以建立移动电话网络。买桃
子是容易的：你调查一下桃子的价格，并以这个价格卖出去。但是政
府不能用这种方式来出售波段执照：这些执照之前从来没有卖出，因
此没有人知道它应该值多少钱。政府决定进行拍卖。在拍卖中，出售
方试图从一群竞争的购买者当中选择出价最高的那个。在出售艺术品
和农作物方面，拍卖已经应用了几个世纪。在更早之前还有奴隶的拍

卖，甚至整个罗马帝国都被拿出来拍卖过。今天的拍卖与之前的不同之处在于，许多类型的拍卖都是经济学家设计的，使用了一个新的重要的经济领域理论——"拍卖理论"（auction theory）。

在拍卖中，一些人知道的比另外一些人多。在一场艺术品拍卖会上，出价人知道他们自己对作品的估值，但是出售人并不知道。出价人希望以尽可能低的价格购买作品。他们会假装将作品的估值定的比实际更低。而另一方面，出售人希望确保最终中拍的出价人能够拿出他们真正的估值。在这里，出售人和出价人演出了一场博弈，其中一些人的信息比另外一些人更多。因此，拍卖理论借鉴了博弈论和信息经济学（我们在之前的章节中谈到过）的工具。经设计过的拍卖想要解决这当中的战略和信息问题，以确保估值最高的出价人能够中拍，而出售人的利益也可以最大化。

拍卖理论始于对不同类型拍卖的观察。你可能会熟悉增价拍卖，这通常用来拍卖古董。拍卖师站在一个明代的花瓶后面，大声喊着价格，邀请出价人提高报价，直到最后只剩下一个竞拍人，拍卖师落槌，胜出的出价人支付报价，并把花瓶带回家。在荷兰，每天有上百万鲜花通过减价拍卖的方式出售。拍卖师从一个高价开始，逐渐降价，直到有人愿意购买。减价拍卖速度更快，在卖花上也更有用，以免花朵枯萎。房屋有时候会以密封投标（sealed-bid）的拍卖方式出售，每位出价人用密封的信封提交一个报价。报价最高的人支付自己的报价并得到房屋。

　　想象你正在参与一个房屋的密封投标拍卖，对你来说房子价值是30万英镑。你会出价多少？恐怕不会是30万英镑。你会采取战略性的行动，出一个低一些的价格，比如说25万英镑，这样的话，如果你胜出了，就创造了5万英镑的"利润"。拍卖理论家将这称作"减让"（shading）你的报价。不过，出售者希望房子的价格越高越好，因此希望你能够按照真实的估值30万英镑出价。

　　20世纪60年代，加拿大经济学家威廉·维克瑞（William Vickrey，1914—1996）为减让问题提出了一个具有独创性的解决办法。他设计了一种拍卖，在这个拍卖中，出价人受到了充分的保持诚实的激励。在标准的密封投标拍卖中，胜出的出价人所出的钱等于他们的报价，也就是最高的报价。不选择密封投标拍卖中的"最优价格"（first-price），维克瑞建议进行"次优价格"（second-price）的拍卖，这样报价最高的出价人胜出，但是只需要按照第二高的报价来支付。假设在一场"次优价格"的房屋拍卖中，如果你报价25万英镑，而不是你真正的估值30万英镑，就算你是最高的出价人，减让你的报价，也并不会影响你实际为房屋支付的金额，因为你只需要支付第二高的报价。但是，如果有人出价更高，你报的25万英镑可能会让你失去这所房屋，因此你最优的选择是报出你真实的估值。维克瑞并不是第一个有这个想法的人。在18世纪，德国作家沃尔夫冈·冯·歌德（Wolfgang von Goethe，1749—1832）向一位出版商出售自己的诗集的时候就采用了次优价格拍卖。今天，易贝拍卖也大致使用次优拍卖原则，尽管那还不是真正的维克瑞拍卖。一个额外因素是参与的报价显示在倒计时里，这就鼓励了一种直到最后一刻才出价的策略。

维克瑞拍卖的不足是出售者只能拿到第二高的钱，而不是最高的报价。哪种拍卖方式是最好的？这要看具体情况。其中一个因素是出价人对风险的态度。一般来说，人都会恐惧风险局势——在这种局势当中，他们有可能大赢，也可能一无所获。在最优价格的密封投标拍卖中，减让你的报价是有风险的。如果你为估值30万英镑的房屋报价25万英镑，那么你有可能会胜出，并创造5万英镑的利润，但是你也可能拍不到，从而一无所获。如果你不喜欢冒风险，你会倾向于少减让，或许会报价29万英镑。在最优价格拍卖中，你对风险的厌恶会让你的报价接近你的真实估值，那也是你胜出时将要支付的数目。在次优价格拍卖中，你只需要支付第二高的报价。在这种情况下，出售者可能在最优价格拍卖中得到的钱，会比在次优价格拍卖中得到的要多。

理论上来说，可以有许多不同种类的拍卖，但是在真实世界里，经济学家们只能根据情况调整自己的设计。英国经济学家保罗·克伦佩雷尔（Paul Klemperer，1956—　）带领一个小组设计了2000年举行的英国3G移动电话执照拍卖。拍卖设计得有些像是出售清代花瓶之类物品的增价拍卖。不过政府有好几个执照要出售，所以它们同时在重复的一轮轮报价中出售。所有的出价人每一轮都必须对某些竞拍物出价，这样就可以保持出价的活跃。

这类拍卖的一个问题是出价人可能很狡猾，他们利用最初的几轮报价彼此发信号，搞清楚每个人应该买哪个执照，并调整自己的报价。这种情况出现在20世纪90年代美国类似的拍卖会上。两家企业分别是美国西部电信公司和麦克劳德（McLeod）公司，它们彼此竞标一个编号为378的在明尼苏达州罗切斯特市的执照。出价都是整数：20万美元、30万美元，以此类推。忽然，美国西部电信公司以313 378美元举牌了爱荷华州的一个执照，在此之前这个执照并没有激烈地竞标，但麦克劳德曾经积极地报价。美国西部电信公司是在告诉麦克劳德：放弃罗切斯特，不然我们就要搅乱你们在爱荷华的计划。麦克劳德放弃了对罗切斯特执照的报价，美国西部电信公司放弃了爱荷华，双方都放了各自一马。

克伦佩雷尔希望避免这种情况的发生，因此在英国的拍卖上，出价人不能对超过一个以上的执照报价。他们只能追求他们真正想要的执照，这样也就不能和其他的出价人搞小动作。预见到这些问题对好的拍卖设计来说至关重要。有时候，糟糕的设计可以让拍卖彻底失败，就像新西兰拍卖电视台执照那次，只有一名出价人，一名大学生花了1新西兰元就拿到了执照。克伦佩雷尔的设计避免了各种陷阱，拍卖的成绩前所未见，为政府带去了225亿英镑的收入。这是经济学在真实世界的一次胜利。

从传统上来说，有关经济学的争论往往有关宏观的问题。为什么一些国家的经济比另外一些国家发展得快那么多？罗思和克伦佩雷尔这样的经济学家将经济学转向了微观但依然重要的问题。最初的经济学家是哲学家，政治思想家差不多也是经济学家。今天的许多经济学家认为自己更像设计桥梁和大坝的工程师。就像工程师有吊车和测量仪，经济学家使用自己的工具箱——聪明的理论模型和先进的数学方法——来解决特定的问题。或许，罗思和克伦佩雷尔都是工程师出身，随后才成为经济学家的经历并非巧合，这有助于将经济学原理转变为有力的改造真实世界的工具。

38

失控的银行家

明斯基时刻

21世纪初，美国得克萨斯州圣安东尼奥市，一位女士在自家房屋的一面墙上刷上巨大的字："救命！拍卖房屋！！"一家银行准备接收房子的所有权（换句话说，执行"止赎权"），因为她无法偿还购房贷款。在伦敦，职员们捧着纸箱从投资银行雷曼兄弟闪闪发亮的办公室里走出来，箱子里是他们的办公用品。他们的银行刚刚破产了，这是历史上最大的企业失败案例。在2010年的雅典，上千人围攻了希腊的议会，因为政府削减工资和退休金的做法激怒了他们。三个人在抗议者点燃银行的大火中丧生。这些相隔千里的事件，因为世界金融体系的崩溃而联系在一起，而崩溃影响了全球的整体经济。崩溃被赋予了令人沮丧的名字：全球金融危机、次贷危机、大衰退。今天我们仍然处在灾难的恢复期，仍然在讨论应该如何解决问题。

这次危机对经济学家来说是一个彻底的打击。在20世纪90年代，经济学家为"大缓和"欢呼，那是一个低通胀的经济稳定增长的时代。现在看起来，他们恐怕是乐观过头了。不过，偶尔会有经济学家脱离传统的思维方式，并超前于自己的时代，美国人海曼·明斯基（Hyman Minsky，1919—1996）就是其中一位。尽管危机发生的时候他已经不在人世，但是危机来临时，人们重新想起了他。许多人相信，明斯基的观点比传统经济学更好地解释了所发生的一切。他的著作，就连二手书都卖到了上百英镑，而危机又有了另一个名字："明斯基时刻"（minsky moment）。

20世纪80年代，自由市场经济学出现了回潮。经济学家相信，不受约束的经济十分稳定，不会有疯狂的加速和崩塌。但是，明斯基却认为资本主义正走向危机，这让他显得有些激进。他的观点或许和他成长的经历有关——他的父母亲都是社会主义者、俄罗斯犹太移民，二人在卡尔·马克思100周年诞辰的庆祝活动上认识。不过，明斯基的老师不是马克思，而是凯恩斯，后者认为资本主义经济学陷入了消沉。

但是对凯恩斯主义者来说，明斯基也是非传统的。他强调凯恩斯的一部分观点，认为对凯恩斯的传统解释忽略了一些东西。其中一项是，投资是在深度不确定性的背景下进行的。如果你今天建造一个工厂，你不会知道在工厂开工之后的5年里能挣多少钱。有一种判断局势的方式是为结果设定可能性。你的市场有50%的可能性会增长，50%的可能性会萎缩。深度不确定性却不同，因为你并不知道可能性，甚至也不知道可能出现哪些结果。因此，投资有赖于人们的乐观情绪——凯恩斯称为人们的"动物精神"——而不是对未来赢利的可能性得出有利于投资的数学计算。当人们的动物精神受到扼制时，投资就会下降，经济就会萧条。

凯恩斯认为，货币是允许经济决策随时间推移而产生的原因，特别是在未来如此不确定的时候。许多公认的经济学理论都有一个令人惊讶的特点，就是它们很少谈论货币和银行，而你可能会认为这两个东西和经济学的关系最为密切。这是因为市场的基础理论关于真实物品的买卖。你卖给我土豆，你就可以去买围巾。问题仅仅在于你需要卖多少土豆才能买得起一条围巾。在这里，货币实现了土豆和围巾的交换，但是如果只有钱，那么它也发挥不了什么作用。对明斯基而言，情况却不是这样的。货币和通过贷款制造货币的银行，为经济提供了动力——也最终导致了经济的危机。

明斯基说，资本主义在发展的同时开始变得不稳定。一开始，银行会对借贷的人产生警觉。当你决定做一门生意，希望能够挣钱时，这是在赌未来，你的赌注是从银行贷款。银行会试着弄清楚你是否有能力偿还。你能挣得足够多，从而偿还贷款吗？你过去偿还贷款的记录怎么样？当你借钱购买房屋或汽车时银行也是如此行事。如果你获得了贷款，每个月都要给银行交利息，当然还有原贷款的一部分。未偿还贷款的总数越来越少，最终有一天你会还完。

明斯基说，谨慎的资本主义已经让位给大胆的资本主义：大多数人都想要借钱，而银行也愿意借，因为这样银行才有利可图。银行开始争相贷款，于是发明了新的贷款种类，把钱贷给那些偿还能力很有限的人。有些银行贷款，借贷人每个月只需要支付利息。当原贷款到了偿还日期，银行允许延期。在金融危机爆发前的几年里，银行的购房贷款就是这么批出去的。明斯基称为"投机借贷"（speculative lending）：贷款以房价不会下跌以及利率不会上升为赌注，这样借贷人才不会受到贷款的困扰。

于是，大胆的资本主义变成了鲁莽的资本主义。经济发展加快速度，越来越多的人想要借贷。银行开始向那些偿还能力很差的人提供贷款——收入最低的人或者拥有不偿还记录的人，给这些人的贷款甚至都不用支付利息。每个月银行把利息加在原贷款之上，于是贷款数额不断增加。银行和借贷人都指望房地产价格继续快速上涨，房价能够一直比贷款金额高。等再过几年，借贷人把房子卖了，他们就有足够的钱来偿还贷款。

现在，放贷人和借贷人的动物精神都被唤醒了。银行提供贷款，希望房价能够一直上涨，但是通过提供如此之多的货币，它们助推了房价。

在危机爆发之前的10年里，美国房价上涨超过了一倍。放贷人和借贷人创造了一个自我实现的上升螺旋，经济学家有时将这称为泡沫。明斯基将这个不顾后果的借贷系统称作"庞氏金融"（Ponzi finance），这个词来自一个名叫查尔斯·庞兹（Charles Ponzi，1882—1949）的意大利著名的诈骗犯，他的诈骗方案是通过制造泡沫让越来越多的投资者上当受骗。

　　泡沫的问题在于会破灭。然后就是"明斯基时刻"，放贷人感到畏怯，开始要求借贷人偿还贷款。他们停止向有风险的借贷人放贷，房价不再像之前那样快速上涨。这样就破坏了庞氏金融的土壤。人们开始出售房产，房价开始跌落。借贷人发现自己没有能力偿还贷款，银行开始获取房产的拥有权。建筑公司停止新建筑的开发，经济投资停止，整个国家陷入了衰退。这就是2007年经济崩溃后所发生的事情。

　　明斯基说，金融市场的创新帮助了投机和庞氏金融的出现。其中一个重要的制造金融危机的创新是"证券化"（securitisation）。证券是金融资产，就像公司的股份，可以买卖。当一家公司向你出售股份时，就向你保障了一份每年都有的报酬（分红）。当你出售股份时，买走你股份的人就得到了这份报酬。在金融危机爆发前的几年里，放贷被制成可以买卖的证券。这些证券是由不同贷款组成的金融混合体。房产拥有者向购买证券的人还贷。不过，许多这样的贷款都是"次级"（subprime）贷款：发放给那些有很高风险无法偿还贷款的人。

　　鉴于房价快速上涨，这些证券看起来相当不错，而且也是非常复杂的。（想要比较好地理解某些证券所包含的内容，你必须要阅读海量的文件！）于是，投资者购买了这些他们实际上并不理解其内容的证券，也没有预见到这会带来糟糕的后果。在谨慎的资本主义时期，银行控制自己的贷款，并尽可能地了解自己的借贷人，确定他们拥有偿还能力。同时，银行经理和他们的客户有私人交往，只会把钱贷给他们认为信得过的人。而当贷款被打包成证券，并且出售的时候，何必还要那么小心？对购买者来说，证券看起来是安全的投资。这导致的结果是，金融市场中的信息不再流通，正如我们在本书第33章提到过的，没有了信息，市场的运行就会出问题。

由于证券化，圣安东尼奥市那位女士的贷款还款不一定要交给她所贷款的银行。这些钱要给伦敦的某间投资银行，因为该投资银行购买了部分包含这位女士贷款的证券。该投资银行对这位女士一无所知，所以当该女士停止偿还贷款时，它遭受了损失。雷曼兄弟银行购买了大量这样的证券，当上百万人停止还款之后，它就破产了。银行间停止互相借贷，因为它们担心别的银行会破产。这些银行同样停止给那些完全有偿还能力的人提供贷款。整个金融系统——从储户到贷款购房或经商者的货币流通——停了下来。

为了回应这次危机，美国、中国和欧洲国家开始制定政策，标志着明斯基思想上的前辈凯恩斯的回归。正如凯恩斯所建议的那样，它们通过增加开支来复兴经济，而这些努力看起来是有所帮助的。在衰退期，政府的赤字（政府的开支和收入之差）一般都增加了。因为当人们的收入和商业活动的利润减少时，税收的总数也就会减少。政府借钱填补了这个缺口，因此它们的债务增加了。在实行了几年的凯恩斯主义政策后，欧洲的政府开始担心赤字和债务的增加。它们掉转政策的方向，开始"紧缩"（austerity）：削减公共服务和福利开支。凯恩斯主义者认为紧缩来得太早，他们认为经济过热的时候才是减少赤字的时机。那时候高就业率和赢利的企业可以增加税收。在那之前，紧缩只会减慢发展的步伐。

当希腊政府发现自己已经无力偿还债务的时候，采取紧缩政策，是该国接受欧盟援助的条件。当政府削减类似医院这样的公共服务的开支时，抗议者就拥上街头。经济学家甚至开始怀疑，欧洲的货币欧元是否能挺得过这次乱局。希腊超过四分之一的人找不到工作，许多人陷入贫困，没钱购买食品和药品，变得病恹恹的，而且感到很沮丧。希腊是受影响最严重的国家之一，但是痛苦传遍了全世界，人们失去了房子和工作，到2009年，全球新增了3000万的失业人口。

明斯基的理论告诉我们，金融危机和随之而来的衰退，并不完全是贪婪的借贷人或者银行家造成的后果，更深层次的原因是以金融为基础的资本主义的影响。第二次世界大战之后几十年的经济增长种下了危机的种子。资本主义变得越来越鲁莽，金融业的中心——纽约华尔街和伦敦——通过花哨的金融产品刺激增长，特别是在20世纪80年代之后，政府取消了对银行行为的限制。或许，"明斯基时代"比"明斯基时刻"的说法要更加准确。资本主义花了几十年时间，从谨慎的形态发展到了鲁莽的形态。

39

空中的巨人

收入分配问题

想象你正在看着一个行进时间长达一个小时的队伍前进，人们按照收入水平从低到高依次排列。每个人的身高都代表了他们的收入：有些人是中等收入，那么身高也是中等的；有些人的收入是中等收入者的一半，那么身高也是一半。你是中等身高，正站在人行道上看着队列行进，你看到了什么？你可能会首先看到一些矮小的人；然后，当队列经过一半时，看到的人的身高和你一样（中等收入的人出现在人群的中间）；随后，逐渐看到后面高收入的人经过你的面前，他们越来越高大。

事实上，如果以美国今天的人口来排列这个队伍，你看到的情形会是另外一番景象。首先，你不会发现队伍开始的地方，因为你根本看不到排在最前面的人。那些是生意失败或者欠债的人，他们只有负收入，所以他们只能在地表下前进。不过很快，你会发现一些身高只到你脚面的人从你面前经过。这些是从事低收入兼职工作的人、领取微薄退休金的老人和接受救济的失业的人。

这支队伍的第一个大型群体是一群望不到边的侏儒，这是收入最低的那些从事全职工作的人，也是经济的支柱。你看到成千上万的汉堡店员工、洗碗工、收银员从你面前走过。他们的身高勉强到你的腰部。慢慢地，经过的人越来越高大。出租车司机、屠宰业工人、公司前台走过，然后是导游、档案管理员和室内装潢师。在30分钟的时间里，那些经过的人身高只到你的胸口。直到40分钟之后，才出现了能够和你平视的人，你微笑地看着航空乘务员和钣金工走过去。

此后，经过的人开始俯视你。消防员比你高一点点，你发现自己只有伸长脖子才能看到科学家和网页设计师。50分钟之后，大高个经过：律师们身高5米，外科医生身高9米。在最后2分钟里，能看到的是身高几英里的巨人。一些人是大企业（比如苹果公司和脸书）的高管，你还看到了一些巨大的明星和运动员——凯蒂·佩里（Katy Perry，1984—　），弗洛伊德·梅威瑟（Floyd Mayweather，1977—　），他们的鞋底就像楼房一样高，他们的脑袋已经插入云端。

"收入分配"（distribution of income）是指流向富人、中产阶级和穷人的金钱，有时就以这样的情况出现。这个队伍说明了一些重要的事情。那些最高的人，其收入远远超过了其他人，拉高了平均收入的水平，这意味着人口中大部分人的收入都不能达到平均值。统计学家用一句术语总结你所看到的现象：他们认为社会的收入分配是"偏斜的"（skewed）。经济学家称为不平等。

在20世纪70年代，这支队伍看起来会大不同。你会在队伍最后看到巨人，但是不会像上面说的那样夸张。你也不会花那么多时间，看着矮人们经过。那时候，人们的收入更加平均。在此之后，富人的收入增长比其他人更快：20世纪70年代，美国最富有的1%的人，只拥有国民收入的10%以下。但是，在21世纪的头10年里，他们所占的比例已经接近15%。

许多人担心不平等太过极端。在过去几年里，"占领华尔街"运动抗议最富裕人群收入的快速增长，即那些所谓的收入最高的"1%"的人。在主要的城市里，抗议人士在街头露宿，设立临时课堂，在那里辩论不平等加剧的原因，以及应该采取的措施。经济学教授也加入了这些辩论，法国经济学家托马斯·皮凯蒂（Thomas Piketty，1971— ）在2014年出版了一本书，名叫《21世纪资本论》，书中检视了富人的崛起，并对他们远远甩开其他人的财富增长速度表达了担忧。

　　为什么巨人们会变得如此高大？卡尔·马克思说，这是些通过剥削工人挣钱的资本家；约瑟夫·熊彼特说，这是些勇于冒险的人，他们幸运地获得了财富。传统经济学有一个更平实的说法。问题在于工资，即大部分人的收入来源，是由什么决定的？传统经济学认为，工人根据自身对生产的贡献获得收入。受过教育的人拥有技能，生产能力更强，因此收入更多。在过去的几十年里，技术的演进加强了这个效果：那些受过电脑编程和设计培训的人能够获得更好的收入。没有技术的工人——汉堡店员工和清洁工——被甩在身后。

　　皮凯蒂认为，事情并没有如此简单。他说，那些人拥有巨额收入并不是因为他们有超高的生产能力。我们可轻易计算伐木工人的生产能力：数一数他们每天伐了多少树木。但是，对于丰田汽车这样的大型公司，你要如何计算其管理者的贡献呢？丰田汽车的收入依赖于全球成千上万人的努力，他们当中某一个人的生产能力很难确认。皮凯蒂认为，最高收入不由企业的传统所决定，而是由企业过去向最高收入者的支付所决定。

　　还有另一种不平等的因素：人们的财富——房屋和股份以及他们所拥有的生意和土地。收入能够增加财富，但它们并不是一回事：一个人退休了，领取微薄的养老金，但拥有一栋值钱的房屋，这个人是低收入、高财富的。社会上最富有的人汇聚了大量的财富：比尔·盖茨（Bill Gates，1955—　）和沃伦·巴菲特（Warren Buffett，1930—　）拥有数百亿美元的财富就是一个惊人的例子。

皮凯蒂发现了资产增长的原因，他称为"资本主义的历史规律"（historical law of capitalism）。人们利用自己的财富赚钱：生意和股份带来的利润，以及地租。如果你的生意、股份和土地价值1000万美元，并且每年给你带来100万美元的收入，那么你的财富收益率就是每年10%。皮凯蒂发现，在历史上大部分的时间里，财富的收益率都超过了经济增长的速度。如果经济增长速度是3%，那么你的财富增长速度就比它快了7%。工人的工资根据经济的产出情况支付，当经济生产力提升的时候上涨。由于财富收益率的速度超过了经济增速，工人的工资并不能与你的1000万美元以相同的速度增长。皮凯蒂用一个方程式进行说明，r代表财富收益率，g代表经济增速，于是：r > g。（皮凯蒂的书非常畅销，甚至有些人把这个不等式印在T恤衫上。）皮凯蒂发现，美国从20世纪70年代开始就使用该不等式。到了21世纪，美国最有钱的1%的人，拥有了国家大约三分之一的财富。

有时候，经济学家会受到批评，说他们没有在收入分配问题上采取强硬的立场。一些经济学家认为，一个少数人比其他大多数人富有的富裕社会，比一个人人平等但所有人都吃不饱的贫穷社会要好。现代经济学的许多内容都是关于效率，而不是分配的。我们在本书第25章谈过的阿罗和德布勒提出的"第一福利定理"，认为在特定条件下，市场是有效的，没有资源被浪费。问题在于，许多做法都是有效的，包括那些非常不平等的做法，它们也证实了其他一些事情。假设在各种有效的做法中，有一种受到了青睐，并且实现了平等的收入分配，这表明，通过一些推动，市场可以实现这一目标。

为了推动市场运行，政府需要重新分配资源，从富人那里获取资源，再给予穷人。但如果这样做，影响了人们的经济决策，特别是工作的努力程度，就会打击效率。因此，为了实现理想的状态，政府必须在周转资源的同时，避免改变人们的行为。这样，市场才能保证效率，社会才能实现平等分配。然而在实践中，这几乎是不可能完成的任务。政府真正能够实现重新分配的手段只有对富人征税，然后分给穷人。但是，经济学家担心过多的赋税会影响人们的行为：如果自己的收入会被征税，为什么还要努力工作？经济学家所说的是公平和效率之间的平衡。市场从效率出发——"第一福利定理"证明了这一点，但是，当政府通过重新分配收入进行干预时，损害了效率。因此，重新分配实现了更好的平等，但是减慢了经济的增速。你可以想象这场景像是用水桶把财富从富人那里运到穷人手中：在搬运的过程中总会有一些水溢出。社会如何能够在效率流失的同时实现收入公平的平衡呢？

英国经济学家安东尼·阿特金森（Anthony Atkinson，1944—2017）说，这种困境被夸大了。首先，"第一福利定理"并没有在实践中实现：市场并非从有效出发，然后受到重新分配的损害，市场往往从不那么有效出发，那个桶在你使用之前就是漏的。比如，当人们缺乏重要信息时，市场就不是有效的。一个例子就是雇主不能监督自己员工工作的态度——但是更高的工资可能会鼓励人们更投入地工作，提高效率。阿特金森认为，较高的最低工资可以减少不平等，并增加效率。还有其他一些理由可以说明公平和效率可以一起提高。有时候经济学家会说，不平等可以鼓励人们怀着致富的期待工作。但是，当不平等过于极端时，这个期待就会变得不切实际。出现这种情况时，不平等不会让人更努力地工作，相反，人们会对改善处境丧失信心。一个经济体的生产能力同样依赖于劳动力的健康程度和受教育程度，如果许多人不能支付医疗费用，不能对自己的教育进行投资，那么就会造成威胁。

如果我们认为，极端不平等是不公平的，或者对经济效率造成了威胁，我们能做什么吗？皮凯蒂说：可以。不平等的部分原因是社会选择造成的。在第二次世界大战之后，经济快速增长，政府对富人征税。一个高的g加上一个低的r，限制了不平等。但从20世纪70年代开始，政府减少了对财富的税收，推高了r。在全球金融危机发生之后，经济增速下降导致了r和g之间的鸿沟加剧，因此不平等也加剧了；接下来，各国政府减少开支，公共服务的减少损害了穷人的利益，从而进一步减缓了增长，加剧了不平等的趋势。皮凯蒂说，如果不平等的加剧源于我们的经济运行方式，那么我们就有能力扭转局面。

阿特金森表示同意。除了最低工资，他建议鼓励发展那些可以促进平等的技术。想象一项新技术超出人类的控制很容易，但这也是我们选择的结果。如果政府让医院引进一套完全自动化的挂号系统，接待人员会失业，同时，那些设计该系统的工程师可以挣到大钱。与其花钱研发这个系统，政府可以决定培训非常有效率的接待人员。更高的就业率（在医院和人沟通也会让人感到更愉悦）可以导向更平等的结果。那么皮凯蒂的r > g的公式怎么样？通过加快经济发展，让它超过财富的收益率，是否可以解决不平等问题？对此皮凯蒂并不认可。他的建议是降低财富收益率，对全世界最富裕的人群征收全球税。然而，想一想这些经济巨人的权势和影响力，这怎么可能呢？

40

为什么成为经济学家?

经济学的意义

想想你最后一次在新闻里听一个经济学家讲话，没准他满嘴都是听起来很玄乎的词，像是股价、利率等。或许你会相信一个经济学家所说的，然后对自己说："好吧，经济学家一定知道他们在说什么，我还是换台看足球吧。"你的想法可能是，把经济学留给专业的经济学家吧。与此同时，经济学家也经常受到他人的抨击。一些人说经济学家更关心自己那些不切实际的理论，脱离了那些能真正改变人类

处境的事情，因此总体上来说，他们不值得信赖。（19世纪，托马斯·卡莱尔说经济学是"阴郁的科学"；托马斯·德·昆西认为，经济学家大脑里有病菌。）

当21世纪初爆发全球经济危机时，经济学家遭到的抨击更为猛烈，就连伊丽莎白女王（Elizabeth Ⅱ，1926—2022）都对他们提出了质疑。在危机期间，女王前往伦敦经济学院，问那里的经济学家，为什么没有一个人预见危机的降临。许多人认为经济学家已经完全和现实脱节了。他们设计出聪明的数学理论，但并不为自己思维之外真实运转的经济费心。甚至那些著名的经济学教授所说的话都如出一辙。

经济学家让世界变得简单，这很好。为了获得解释，你需要略去那些不重要的内容，才能看到最重要的内容。但批评者认为，经济学家已经偏出太远，他们已经忘记了，理论之外的真实世界有多复杂。他们做了两种非常危险的简化，认为市场是有效的——由此推导出社会资源的最佳利用；认为人类总体上是理性的——他们可以正确地使用信息，权衡成本和收益。在金融危机期间，市场错得离谱，人们也完全没有按照理性的方式行动。看起来，经济学失败了。在所有这些事情发生以后，谁还会选择成为一名经济学家？事实上，下次你在新闻里看到经济学家，恐怕不是接受他们所说的话，而是更想朝着电视屏幕扔块砖。

不过，请等等，先别扔。经济学也成功过。想想我们前面说过的经济学家在病人之间配对肾脏捐赠者的设计方案，想想拍卖移动电话执照的事情。如果没有对经济学原理的巧妙应用，这些事情就不会发生。经济学在解决这些具体问题上的表现不错。

或许，这些事情看起来都太专业化了。在结束我们关于经济学的故事之前，我们再看一个经济学观点，它被用来保护我们人类赖以生存的立足之所——地球。该观点没有超出我们在本书中涉及的基本经济学原理的应用。它用来解决全球变暖问题，在这个问题上，经济学可以起到很大的帮助，它会影响到我们每一个人，我们的孩子和子孙后代。它显示了经济学并没有离开真实的世界，不像有些人说的那样，偏得很远。经济学对世界投以深切的关怀，并且尽力拯救世界。

大部分科学家认为，二氧化碳是工厂在燃烧煤炭或石油时产生的排放气体，导致全球变暖——它让陆地和海洋平均温度上升。这也导致全球气候更加不稳定，并产生巨大的成本：洪水和干旱会破坏农业，特别是在非洲和亚洲地区。当冰盖融化，海平面上升后，许多村庄和城镇会被洪水淹没，一些地方可能不再适合人类居住。

所有人都认为全球变暖不好，但却不足以让我们阻止它。仅仅如此也不能改变我们的行为。为了解决这个问题，我们需要一剂经济学的良药。全球变暖属于经济学家反复研究的一类问题——市场失灵。特别是，全球变暖是一个外部性问题。如我们前面谈到的，外部性问题是无意识的副作用，譬如邻居大声吹小号对你产生的影响。你的邻居并不用支付这方面的成本，因此他可以尽情地吹。美国经济学家威廉·诺德豪斯（William Nordhaus，1941—　）认为，二氧化碳排放是一类特殊的外部性问题，因为它的影响超越了空间和时间。一家德国工厂排放的二氧化碳会扩散至全球，增加大气中二氧化碳的总量，并影响气候，德国的排放同样也影响了中国和巴西的农民。碳排放会影响数代人，因为今天的排放会在未来几十年里给地球增温，德国今天的排放会影响中国和巴西农民还未出生的后代。诺德豪斯将二氧化碳排放的问题称为"双重外部性"（double externality）。

　　鉴于二氧化碳是一种极端的外部性问题，其排放量已经非常多。那么，什么才是"正确"的总排放量？假设最后一吨由某工厂排放的二氧化碳使农业被破坏，村庄被洪水淹没，导致全球经济损失了50英镑。通过避免这一损失，不排放最后一吨二氧化碳可以带来50英镑的利益。但是，不排放会在其他地方产生成本。或许这成本是该工厂在烟囱中安装过滤设备，如果这一举措让该工厂付出了40英镑，那么总体上说，该工厂安装过滤设备、减少排放对全社会来说是有利的。那么，该工厂在减少排放上应该做到什么地步呢？经济学的原理认为，应该一直减少到最后一吨排放的二氧化碳造成的损失等于通过减少排放所带来的利益。

　　假设一位经济学家把全部的损失和利益都算出来了，并声称全社会必须将排放减半。为此，政府要求所有人将自己的排放减半，甚至禁止烧煤。诺德豪斯从经济学出发，提出政府可以以更低的代价达到减排目标：对碳征税，让人们减少排放。这个建议是让碳成本对人们的经济决策产生更大影响。政府设定的税率要确保人们只制造从前一半的污染。

这种以税收为基础的方法更便宜，因为一些人减少自己的排放会比其他人更容易。假设政府对汽油征税，教师可能就会骑自行车上班。这些人减少碳排放的成本低于给汽油涨价的成本。但是，低音提琴手只能乘车去参加排练，因此减少碳排放的成本对他们来说比较高。他们宁可购买较贵的汽油，继续开车。在税收的情况下，减少碳排放成本较低的人和企业会比那些减少成本较高的人和企业更多地减少碳应用。相对于简单地禁止烧煤，政府能够以整体来说更低的成本实现自己的减排目标。

另一种经济学的解决方案是签发"碳交易许可证"（carbon trading permits）。许可证允许持有者排放一定量的二氧化碳，没有证书的人不能排放。为了实现设定的排放水平，政府签发等于该数量的证书，企业可以购买和销售这些证书。一家自觉难以削减排放的企业可以从另外一家能更容易削减排放的企业那里购买许可证。和征收排放税一样，那些能够轻易削减排放的污染者减少的排放最多。美国曾在20世纪90年代使用许可证来减少造成威胁森林湖泊的酸雨的污染。

我们离解决双重外部性的碳排放问题还很远。完全的解决方案需要社会各方面的合作，而它们对环保有各自不同的态度。不过，对于类似酸雨这些难度较小的环保问题，经济学可以提供帮助，诺德豪斯相信，通过对经济学最基本的工具——成本与收益的平衡——的关键性应用，我们仍然有时间解决全球变暖问题，避免全球性灾难。

尽管不完美，经济学对人类来说却至关重要。那些最基本的经济学观点是解决各类问题的有力工具，特别是那些具体的问题。其中包括全球变暖这种与人类子孙后代生活质量直接相关的问题。

经济学还面对更广泛的有关人类社会如何作为一个整体运作的问题。自由市场和竞争，或者让人们聚在一起合作，能够更好地促进社会进步吗？金融市场在经济增长中还能发挥什么其他作用？这些问题很难用一个简单的经济学原理作答。一定程度上，这也是许多经济学家没有预见到最近一次经济危机来临的原因。在危机爆发之前的很长一段时间里，经济学家利用自己有关自由市场和理性的理论，重新设计了我们的社会，如在20世纪80年代的非洲和20世纪90年代共产主义终结后的俄罗斯，其结果是灾难性的。经济学家过度应用他们所掌握的基本原理，但对被经济理论所忽视的更广泛的政治和社会层面缺乏了解。

如果你在大学学习经济学，你主要所学就是这些基本经济学原理。它们很强大，也很实用，但你应该谨慎使用。一些人认为经济学根本不是真正的"科学"，他们说，经济学家的方程式代表了保守的政治理念，认为自由市场、竞争和个人努力是所有事情当中最重要的。几年前，英国和美国的学生难以忍受自己的经济学教师，走出了课堂。他们相信，经济学是对现实的扭曲，他们希望经济学能够更多地反映混乱的、不可测的、难以用公式捕捉的真实世界。

但是我们也不要忘记，在这本书所讲述的漫长历史中，怀揣各种政治理念的思想家用许多不同的方式看待经济学。一些人是资本主义的坚定支持者，一些人希望将其改进，一些人则希望将其摧毁。基础经济学课程似乎快要遗忘那些叛逆思想家的理念，像托尔施泰因·凡勃伦、卡尔·马克思、弗里德里希·哈耶克，甚至还有那些被大多数人所接受的人，如亚当·斯密和约翰·梅纳德·凯恩斯。他们所有人都对经济和社会如何发展这一最宏大的主题感兴趣，而不是那些更狭隘的问题，譬如个人和企业如何在选择一款冰箱或租用新办公场地时对成本和收益进行权衡。

我们在书中谈论过的经济学家，对他们所处时代的问题做出了各自不同的回应。在经济学里，没有数学题那样永远"正确"的回答。在见过历史上思想家们的不同回应之后，我们应该能够受到启发，做出属于我们自己的回答。我们需要新的观念来面对今天的经济问题，不论是极端不平等、金融危机还是全球变暖。解决了这些问题，大部分人就有可能过上更好的生活；解决不了这些问题，大部分人就会受苦。如果不能获得食物和药品，一些人就会死去。这对我们所有人来说都是一项任务，而不仅是专业的经济学家。

在本书的开头，我们见到了最先思考经济学的人：古希腊的哲学家。他们关心生活最基本的，那些我们至今仍然需要面对的问题。人类社会的良好生活需要什么？人们怎样才能获得幸福和满足？真正的繁荣由何而来？这些经济学开始的地方，在经历了那么多争执和反对之后，也是它再次出发的地方。